臺灣歷史與文化 研究輯刊

十五編

第 19 冊

戰後台灣阿里山空間的現代文學書寫
——以散文、新詩、小說三文類爲觀察核心

劉 安 著

花木蘭文化事業有限公司

國家圖書館出版品預行編目資料

戰後台灣阿里山空間的現代文學書寫——以散文、新詩、小說
三文類為觀察核心／劉安 著 — 初版 — 新北市：花木蘭文化
事業有限公司，2019〔民108〕
目 4+146 面；19×26 公分
（臺灣歷史與文化研究輯刊 十五編；第 19 冊）
ISBN 978-986-485-621-3（精裝）
1. 臺灣文學 2. 文學評論
733.08   108000398

ISBN-978-986-485-621-3

9 789864 856213

臺灣歷史與文化研究輯刊
十五編 第十九冊   ISBN：978-986-485-621-3

戰後台灣阿里山空間的現代文學書寫
——以散文、新詩、小說三文類為觀察核心

作　　者 劉安
總 編 輯 杜潔祥
副總編輯 楊嘉樂
編　　輯 許郁翎、王筑　美術編輯 陳逸婷
出　　版 花木蘭文化事業有限公司
發 行 人 高小娟
聯絡地址 235 新北市中和區中安街七二號十三樓
　　　　 電話：02-2923-1455／傳真：02-2923-1452
網　　址 http://www.huamulan.tw 信箱 hml810518@gmail.com
印　　刷 普羅文化出版廣告事業
初　　版 2019 年 3 月
全書字數 119915 字
定　　價 十五編 25 冊（精裝）台幣 60,000 元

戰後台灣阿里山空間的現代文學書寫
——以散文、新詩、小說三文類爲觀察核心

劉安　著

作者簡介

劉安，台灣台中人，中興大學中國文學系研究所碩士，致力研究文學與空間理論的結合、分析。興趣使然就讀中國文學系，在研讀中國思想中感悟到古代文人對於自然的人文情懷，又大學時期參加登山社攀登台灣百岳 60 餘座，親身的山林體驗，加上受到楊南郡、劉克襄⋯⋯等人文學著作影響，大學時期曾嘗試以報導文學形式書寫山林（空間），以〈內本鹿・桃林・鹿野溪〉一文獲第 28 屆中興湖文學獎報導文學類佳作。研究所期間，將原有的想法具體實踐，將文學研究、社會理論、山林體驗三者合一，懷著古代文人對於自然環境的關懷，以近現代理論加以實踐與分析。

提　　要

阿里山開發的百年歷史中，有著非常多元的現象發生。經由書寫，除了一般民眾的旅遊踏青外，還有日本的開發殖民、漢人的開拓生活、原住民的神話信仰⋯⋯等等，不同的內涵與意向，表現出空間的多樣化。又，社會形態的快速變遷，各種技術的迅速發展，讓社會、區域都產生大規模的變化，使得人的意識也產生跳躍性的連結與呈現。因此為了更細膩的探究文學中的場域，將社會意識引入文學研究中探討，是必然的。

本研究藉著關注人與地方的空間理論，以切入點不同的方法論，除了釐清人、地方與文學三者的聯繫，則可以更清晰的從紛亂的表徵、符碼中，去理解與欣賞地方書寫的情感與美麗。空間理論的研究，除了段義孚（Yi-Fu Tuan）以人本主義為主，還有愛德華・索雅（Edward W Soja）以後現代理論的角度切入、大衛・哈維（David Harvey）著重於社會主義的層面、加斯東・巴舍拉（Gaston Bachelard）將人對空間的意識約化為原型解析，都是以跨界的理論，從不同的角度切入了空間，加以探討。

因此透過了三種文類：散文、新詩、小說，從中剖析了關於文學作品中的「地方感」，對於人、地方與文學三者的聯繫，以空間理論用之於「阿里山」的地方書寫研究上，進一步探詢了地域內涵與地方意識，明確呈現了三者之間的交互關係與影響。

誌　謝

在山林裡漫遊的無數日子裡，深深感謝台灣這塊土地，啓發了生活在這空間中的無數人與我，讓情感、意識得以文學書寫，呈現了地方上的美與愛。

最愛最恨的是指導教授解昆樺老師。自己最初對於論文方向總是猶疑不定，與老師有所爭執，這是恨；在最後，將我導回正路上，踏實的從頭開始閱讀與研究，而不是神遊在自己的大夢之中，這是愛。感謝解老師容忍我的不切實際，直到定下心來按部就班進行研究，並無私的給予指導。感謝葉連鵬、陳芷凡兩位口委老師的批評、建議，深知自身研究與論述尚有所不足，但對於本人與本論仍給予了莫大鼓勵。

感謝家人容忍我的任性，自己爲了興趣而繼續就讀研究所，只是想要做好文學研究這件事。尤其哥哥對我的支持，在論文與生活兩頭燒之時，在精神上的開導與打氣，使得自己得以義無反顧的投入在論文研究當中，堅持下去直到完成。

在這三年裡所遇到的人們：師長、先進、學長姊、同學、學弟妹、朋友⋯⋯等等，繁不及備載，無論是學業上、生活上、精神上，都給予過莫大的幫助，在此說聲：「謝謝」，僅此表達無以回報的感激。

最後，謹以此書獻給父親⋯⋯

劉安　謹誌　2018 年 8 月

目

次

第一章　緒　論

　　在世存有，當人意識到生命基於地方，而地方帶來生命的意義。在文學中，該如何看待地方，地方的定位又是如何？它不是文學的附庸，它不是經由書寫才有了意義，而是地方本身就正處在生命的進行當中，或也可以說生命的存在造就了地方，無論如何，人們得以意識到地方，將情感訴諸於書寫。

第一節　研究動機與目的

一、研究動機

　　台灣面積約 35,915 平方公里，光高山就佔了全台面積三分之二，亦為世界地勢高度第四高的島嶼，雖然深山野嶺難以到達，大都不適合人們居住，但隱藏其中的資源相當豐富，除了有形的地理、水文、森林、生態資源，甚至還有擴及人類活動其中的人文遺跡。台灣在山林中的人文史蹟可謂相當的豐富，不只日治時期就亟欲開發的自然資源（主要為伐木），也有著原住民獨特的山岳文化（原始信仰），都是值得生活在這塊土地上的人們，去詳加瞭解與積極參與開發的。

　　筆者本身有著登山的經驗，尤其在讀過楊南郡的譯作：《山、雲與蕃人──台灣高山紀行》〔註1〕後，將登山的意義從一般的娛樂活動慢慢轉化去

〔註1〕　鹿野忠雄〔著〕：楊南郡〔註譯〕：《山・雲與蕃人──台灣高山紀行》（台北：玉山社，2000.02）。

思考，台灣的山中到底有著多少豐富的人文、空間資源？找尋了不少山岳書寫相關書籍去閱讀，如陳列《永遠的山》〔註2〕書寫流利、情懷深刻，如同古代詩人縱情山水之間書寫出的浪漫情懷，讓人對山岳的壯闊或神秘又多了一份嚮往。

孫大川說過：「『山』是台灣地形的主體，因著它產生的文化活動，當然也該當是台灣文化的主要內涵之一。」〔註3〕近年多虧夏曼·藍波安與廖鴻基的關係，台灣的海洋文學〔註4〕正蔓延而開，而山岳書寫的作品雖然比海洋文學早出現，但在現今文學界仍屬於少數族群，書寫者少、讀者群也少，仍屬文學中一塊極度需開發的主題類型，《山、雲與蕃人——台灣高山紀行》一書的翻譯者：楊南郡，對山岳書寫的現況發表過如此的感想：

> 高山紀行文學很容易寫，但很難寫得好。幾乎每個剛剛登完山，受到大自然洗禮的登山者，都有強烈的發表慾，想要好好記下壯麗的景致與登山過程的苦樂。然而，初登山的人，空有激情華麗的文筆，卻因爲有關山林知識太少，而使文章流於淺薄空洞，所謂「文勝於質」。〔註5〕

這段說明是眞切的，因爲進入台灣高山是很花費精神、體力的，而在登山活動之外又能充份的對所進入的區域做好事前的調查，並不只是單單書寫心中情懷，能揉合地域的文化、空間，在山林的空間中擷取，在文學的場域中創造，人與空間的激盪，會喚醒不單單只是對山林的崇拜，更可以從中提煉出心靈的想像與昇華。

由於台灣的山岳書寫並不是發展完整的主題類型，鮮有作家專門致力於此一方面書寫，許多經典著作總是斷斷續續，時間上的斷裂性十分明顯；以一般較有名的山岳書寫，一般首推鹿野忠雄《山·雲與蕃人——台灣高山紀行》，之後以降就是陳列《永遠的山》，兩者雖都是書寫玉山，寫作時間上就差了約50年，如以時間來進行資料收集與分析，較難可行，尤其筆者著重於

〔註2〕 陳列，《永遠的山》（台北：玉山社，1998.02）。

〔註3〕 孫大川，《久久酒一次》（台北：山海文化，2010.09），頁150。

〔註4〕 東年，《給福爾摩莎寫信》（台北：聯合文學，2005.01），頁191。海洋文學就是描寫海洋以及相關的現象、精神、文化以及人在其中生活的意義。

〔註5〕 楊南郡，〈特約討論〉，本文是楊南郡對吳福助〈台灣高山紀行文學的經典巨著——鹿野忠雄：山、雲與蕃人的高山自然生態描寫〉的評析，收錄於：東海大學中國文學系〔編〕，《臺灣自然生態文學研討會論文集》（台北：文津，2002），頁89～90。

「山岳」的空間影響與想像，空間在文化中的研究有頗多研究文獻，不過多基於社會空間上的研究，自然空間部分則較為偏少，為何山岳從歷代來會帶來許多啟發與想像，獨特的空間性質，如傳統山水詩與原住民信仰，都是基於此一自然空間不斷的影響造成。自身於山岳的親身體驗與感動，因此將論述聚焦在空間的主題上進行研究。

　　文學對於自然空間喜愛的解讀，一般是認為是作家喜好，對其產生了書寫的念頭。身邊有許多朋友也是山林愛好者，有不同領域的專長，他們懂得山中的花草樹木、野生鳥獸，固然得以喜歡，筆者僅知台灣山岳中的奇岩異石、綠地藍天，為何所知甚少，還是對此深深著迷，相信有更深遠的原因。吳明益〈且讓我們蹚水過河：形構台灣河流書寫／文學的可能性〉中提到：

> 這些所謂「人文學科」的研究未來史，可不可能也成為一種科學？
> 或至少，科學成就也成為這些研究的重要進路？再者，如果我們暫
> 時接受戴蒙的推論：人類的歷史、文化受環境影響而產生了差異，
> 那麼，文學是否也有此差異性？……最後，某種特殊的「地貌」，以
> 及用各種藝術手法對地貌的「指認」，會不會在背後隱藏了更巨大的
> 「暗示性」？〔註6〕

　　在廣泛閱讀中，接觸到了「人文地理學」，以人類本體延伸的概念去解讀空間、地方，甚至於文學與地方的連結，使得自己有強烈的想法以此為基礎來研究。之後在指導教授建議下，鎖定阿里山山區為研究的範疇，蒐集了與阿里山相關的各種著作，進行分析與研究。阿里山的開發其實才百年的歷史，可是在這樣的地方空間中，卻有著非常多元的現象發生，除了一般民眾的旅遊踏青外，還有日本的開發殖民、先民的開拓生活、原住民的神話信仰……等等，經由書寫的過程中，阿里山呈現了不同的涵意與意向，表現出空間自由的多樣化，吸引著筆者，因此欲想以人與空間的關係，辯證地方書寫的生成與喻意。

二、研究目的

　　台灣山域廣大，為何挑選了阿里山？台灣的最高峰玉山，以其為主體的文學文本並不少，可做為台灣山脈的代表，為何獨厚阿里山？

〔註6〕 吳明益，〈且讓我們蹚水過河：形構台灣河流書寫／文學的可能性〉，《東華人文學報》9 期（2006.07），頁 184。

對於台灣人，阿里山更具有了一個指標性。阿里山此一地域中，從日人對此開發爲林場，後又轉型爲觀光取向、登山門戶，經過國府來台繼續伐木事業，至今成爲森林遊樂區，從戰後到現今的歷史記憶，一般民眾沒去過也知曉。在台灣土地上的許多人，都有過遊歷阿里山的經歷：輕易漫遊於原始山林、接觸神木、看過日出、散步在山林間。甚至大陸民眾對於台灣的高山概念，阿里山的印象鮮明，作爲台灣的象徵，比玉山還要明確。

具有豐富歷史的阿里山，自然衍生不少文學作品，可是以阿里山空間爲主體進行研究的，卻很少，大都的文學研究都以日治前的漢文詩爲主。而阿里山的地域廣大，從平地到高山，多元的環境，產生、影響了不同面向的文類。因此筆者先鎖定此一地域進行分析研究，並以散文、新詩、小說爲研究對象，從不同面向去探討空間與文學的多元相關性，期待往後能進一步將此研究模式，擴及至他處的空間書寫研究之中，加以深化應用。

（一）從人文地理學的角度分析台灣的地方書寫

傳統的文學研究，以作者爲主軸，探討因「人」而產生的文學作品，從創作者爲主體角度進行研究，但在近代「作者已死」的轉向下，研究跳脫出「人」的角度觀點，從作品本身對其進行理性、客觀的批判，作者的創作意圖探討則爲其次，而轉入不同面向的探討，不再只是單純的在「人」與「作品」間打轉，有從文化、社會、空間……等等中進行多元討論，文學研究不單單只是純文學，跨領域的援引不同面向基礎，對於文學作品更深入分析。

創作不完全是基於作者本身的靈感創作，空間對於人的影響，甚至許多創作是基於人的生活經驗，即是生活空間中所汲取，那空間與文學之間的關連，就具有直接的相關性，邁克・克朗（Mike Crang，1969～，英國人文地理學家）就解釋了文學對於地方的意義：

> 文學顯然不能解讀爲只是描繪這些區域和地方，很多時候，文學協
> 助創造了這些地方……地理學家採用了想像的技術，文學也關注物
> 質性的社會過程。地理學和文學都是有關地方與空間的書寫。兩者
> 都是表意作用（signification）過程，也就是在社會媒介中賦予地方
> 意義的過程。我的結論應該是，不僅文學涉及了表意，有關地方的
> 地理書寫也是如此。〔註7〕

〔註7〕 邁克・克朗（Mike Crang）〔著〕：王志宏、余佳玲、方淑惠〔譯〕，《文化地理學》（台北市：巨流，2003.03），頁58～59。

　　人對地方都有深厚的情感，以漢人為例，所謂「落葉歸根」，顯現出對土地的感念是深厚的。基於如此，在一個生活的空間下，生命經驗的連結，在文學中的呈現是必然的，尤其在台灣這樣複雜的空間中，低海拔到高海拔的自然環境多樣化外，複雜的歷史在這片土地上也產生了多樣化的文化影響，在這片土地上生活的人，在文學創作上勢必與土地產生連結。因此從人對於地方的態度與想像中分析文學作品，進一步討論到地方與社會的層面，將人、地方、文學三者的交互關係，從人文地理學的角度予以拆解、分析。

（二）文學中的空間想像

　　地方如何影響文化，文化就會產生文學，文學變化與地方就有著緊密的關係。但並非只有地方影響文學這樣的單向過程，經由文化的變遷中，人在生活中會想要重現或改造地方，而文學作品的時空穿越，就不斷得再發酵，不斷得影響地方空間的形象。最終，文學與地方形成了一個迴圈，在人類未滅絕之前，不斷相依、變化。

　　蒂姆・克雷斯韋爾（Tim Cresswell，1965～，英國人文地理學家）提出地方的三種研究取向：「地方的描述取向、地方的社會建構取向、地方的現象學取向」〔註8〕，三者論及特殊性、社會性、人文性，以不同的特點論及地方，「大致上來說，它們表現了地方研究的三種『深度』層次」〔註9〕，地方具有這樣的特性，文學書寫的描述中，就是以文字將其特性表達出來。

　　筆者期望本論的研究，能將文化的空間研究，再進一步延伸至文學研究中，藉由文字的描述，進一步的深入分析人在地方的生活型態。除了對地方的解釋，也可從文學書寫中擷取出地方的樣貌，而地方的樣貌，不只真實的地理樣貌，還有人對於地方期望的樣貌。可從其中了解創作者之於地方的感情、想像，還有如何以文學書寫改造地方，或是地方如何造就了文學創作。

〔註8〕　地方的三種研究取向，詳細說明可參照：蒂姆・克雷斯韋爾（Tim Cresswell）〔著〕；王志弘、徐苔玲〔譯〕，《地方：記憶、想像與認同》（台北：群學，2006.02），頁85～86。

〔註9〕　蒂姆・克雷斯韋爾（Tim Cresswell）〔著〕；王志弘、徐苔玲〔譯〕，《地方：記憶、想像與認同》（台北：群學，2006.02），頁86。

第二節　研究範圍與方法

一、研究範圍

（一）空間指涉

阿里山一詞，主要有下列三種指稱：1.阿里山森林遊樂區（嘉義縣阿里山鄉一帶）〔註10〕、2.阿里山國家風景區（包含阿里山森林遊樂區，又納入梅山鄉、竹崎鄉、番路鄉）〔註11〕、3.阿里山山脈（北起南投集集的濁水溪南岸，南抵高雄燕巢的雞冠山）〔註12〕。阿里山森林遊樂區爲昔日林場，屬高度開發地區，百年以來人文事蹟多於此處發生。阿里山國家風景區在2001年成立，雖擴大範圍納入多處風景區，但因各處皆屬山區，各地方意識相互的連結較薄弱。阿里山山脈涵蓋範圍最大，不僅僅在嘉義縣境內，北達南投，南抵高雄，並包含鄒族生活的領域。

以上三種區域，考慮到阿里山林場的百年開發歷史與不可忽視的原住民文化，故選擇地域範圍最大的阿里山山脈爲研究範圍，一是避免文本收集時會有所遺漏，二是阿里山在不同時代、群族、環境下，均有不同的場域，卻又互相重疊，因此以大範圍設定並進行收集、篩選，研究呈現的面向較爲全面。

（二）時間範疇

本研究時間斷限以二次大戰後到現今，以日本投降、國府接收台灣統治權爲始，即1945年～2015年之間的文學文本爲研究主體，以近代的文體爲探討範疇。雖然時間設定在日治之後，但阿里山的正式開發始於日治時的台灣總督府，至現今仍有很多空間的規劃都受日人影響，如阿里山森林鐵路、森林遊樂區。所以所蒐文本中，內容描寫若爲日治時，或有所相關的，並不會因此排除文本，避而不談，是以作品寫作完成年代爲主要區分。

如此的時間範疇設定，主要是著眼於貼近於現代性的寫作，且以多元觀點觀察地方書寫。並不侷限作者身份，不單單僅是從漢人作品中研究，有日

〔註10〕〈阿里山國家風景區——阿里山森林遊樂區〉，（來源：http://www.ali-nsa.net/user/Article.aspx?Lang=1&SNo=04003732，2015.11.27）。

〔註11〕〈阿里山國家風景區——處長歡迎您〉，（來源：http://www.ali-nsa.net/user/Article.aspx?Lang=1&SNo=03002474，2015.11.27）。

〔註12〕楊建夫，《台灣的山脈》（台北縣新店市：遠足文化，2001.11），頁40。

人、原民……等等，只要與阿里山此一地域相關作品，皆納入討論。惟文本寫作年代需符合設定的時間範疇內，主要以「阿里山」的地域空間爲主體論述，皆納入研究範疇。

（三）選文依據

陳芷凡〈海洋作爲一種「視野」──台灣鄭和傳說中的文化他者與想像〉中提到：

> 然而，回顧文學文化的研究，聚焦所及，多半將海洋視爲一個「背景」，或是一個與作者內心互通的「意象」，探討作家作品與海洋的情感交融。……當世人從自然書寫、原住民文學等角度重新看待海洋，並將其視爲一種「題材」時，不僅彰顯海洋本身的主體特質，從「背景」到「題材」的過渡，亦開啓不同的文化視域。〔註13〕

陳芷凡以「海洋」爲討論主題，不同於本論聚焦於「阿里山」，但對於文本選擇的概念，則借鏡於此段說法。許多作品內容雖然提及阿里山，卻僅是將其作爲「背景」書寫，「阿里山」的空間意識並未深入於文本當中，以「阿里山」空間場域爲主軸進行討論，必先排除僅以「阿里山」爲背景的文本。

筆者在廣泛收集與閱讀文學文本的過程中，即發現書寫「阿里山」的文學文本眾多，但爲了收束焦點於空間的探析，故並未將所有文本引用並提出討論，而是挑選出文本中有意識的將「阿里山」空間書寫的作品進行討論與研究，以期從多樣、深層的「文化視域」中，獲得具體且深入的研究成果。

二、研究方法

空間與地方，看似相同的詞語，但在人文地理學中是有區別的，段義孚（Yi-Fu Tuan，1930～，美籍華裔地理學家）的解釋是：

> 在西方世界的概念中，空間是一種自由的普通符號。空間具開闊性的，表達「未來」和「啓動」的積極含義。但另一方面，空間也同時表達了自由被威脅的機會。「壞的（bad）」這字的原意就是開放，開放凸顯了被暴露和易受攻擊。開闊的空間中沒有可以依循的道路和指標，就像一張白紙，缺乏了人文意義的一定的典範和形式。

〔註13〕陳芷凡，〈海洋作爲一種「視野」──台灣鄭和傳說中的文化他者與想像〉，《台灣文學研究學報》11 期（2010.10），頁 230。

　　　　封閉的空間和人文性的空間稱爲「地方」。地方與空間在這裏的
　　　不同點，地方建立了價值體系寧靜的中心，人類需要「開放的空間」，
　　　也需要「安頓寧靜的地方」，二者皆不可缺。人類生活是二元活動，
　　　既要庇護，也要冒險。既要依附，也要自由。〔註14〕

　　筆者在對於地域如何影響創作此一問題意識，閱讀了人文地理學的相關書籍，地理學者段義孚以人本主義的角度去討論空間與地方的關係，卻也不是純粹的以地理科學的角度分析，人文地理學認爲影響地方的最大主體還是人，如段義孚所言：「人類擁有如其他動物般的感覺器官，但也有把感覺所得的資料精煉而符號化的特殊能力。」〔註15〕以客觀的外在經驗配合主觀的人本主義，構成了人文地理學的發展。

　　基於段義孚的理論基礎，不斷有學者對其理論提出不同觀點加以補充，例如大衛・哈維（David Harvey，1935～，英國社會理論地理學家）提出了後現代性與時空壓縮的狀況，愛德華・索雅（Edward W Soja，1940～2015，美國後現代地理學家）提出的空間性三元辯證。這些基於空間、地方的討論分析，人與空間流動，正可在不同文類中的文學地理，進行分析與驗證。

　　由於阿里山地域的複雜歷史性與種族多元性，除了主體理論：人文地理學，還會以相關理論爲輔，期能更深入挖掘文學文本中的意涵。空間的移動，在現今阿里山最容易造成的移動，就是觀光旅遊，在此會以約翰・厄里（John Urry，1946～2016，英國社會學家）《觀光客的凝視》〔註16〕中的部分觀點進行分析。除了基於地方書寫概念分析與一般的文化——文學間的分析外，鄒族作家的創作與其信仰有所相關，會兼以神話學角度討論文本背後的涵義，並討論關於社會主義與殖民主義對阿里山書寫的影響。歷史環境的因素，必須先釐清文化中的問題，創作者的書寫策略，而將問題簡化便於分析討論，使得空間書寫中，人對於阿里山的「地方感」得以清楚顯現。

〔註14〕段義孚（Yi-Fu Tuan）〔著〕；潘桂成〔譯〕，《經驗透視中的空間和地方》（台
　　　　北：國立編譯館，1998.03），頁49～50。

〔註15〕段義孚（Yi-Fu Tuan）〔著〕；潘桂成〔譯〕，《經驗透視中的空間和地方》（台
　　　　北：國立編譯館，1998.03），頁3。

〔註16〕約翰・厄里（John Urry）〔著〕；葉浩〔譯〕，《觀光客的凝視》（台北：書林，
　　　　2007.11）。

第三節 文獻回顧與探討

一、專書

本論以空間理論進行論述，以何種理論爲研究方法，相關專著的挑選是必要的。雖然以空間理論爲主軸論述的專書偏少，不過范銘如《文學地理：臺灣小說的空間閱讀》〔註17〕中對於空間理論，針對國外的主流論述有了相當詳盡的說明，並且將其理論，以台灣小說中的空間探討，多以對比的方式，呈現出小說的地方空間敘述，在時代、社會的推移中，有著怎樣的變化，更進一步去討論人對於地方的意識，呈現出來怎樣的社會意識。詳細的闡述了空間理論，並實際的以其論述於台灣的地方文學上，非常有助於本論在對於小說篇章中的研究，而且書中的各篇章對於不同時期的台灣地方文學的分析，舉出了許多細膩的觀點，提供本論研究可以將論點更細緻的去切割與分析。其中所提到的外國學者，其相關著作讓了筆者得以站在前人研究下，更進一步的探究空間與文學的相關性。本論藉由范銘如專書中所介紹的外國學者所提論述，並將其專書著作條列說明：

段義孚（Yi-Fu Tuan，1930～）《經驗透視中的空間和地方》〔註18〕，闡述了人類經驗的形成，深入簡出的說明了經驗、地方、文化三者的概念與關係，強調人文地理學並非是唯心主義，點出了「地方感」的這一重點。

大衛・哈維（David Harvey，1935～）《寰宇主義與自由地理》〔註19〕，討論擴及了全球化的問題，地方並非一絕對的區域，而在現今疆域概念的模糊與交通便利下，「地方感」是否不復存在，或是該採取不同的概念看待，提供了不同的研究面向。

愛德華・索雅（Edward W Soja，1940～2015）《第三空間》〔註20〕，以借用、構築列斐伏爾的理論，進一步強化了空間性的三元辯證，除突破了一般二元論外，更提出了許多對於空間的批判與反思。

〔註17〕范銘如，《文學地理：臺灣小說的空間閱讀》（台北市：麥田，2008.08）。

〔註18〕段義孚（Yi-Fu Tuan）〔著〕：潘桂成〔譯〕，《經驗透視中的空間和地方》（台北：國立編譯館，1998.03）。

〔註19〕大衛・哈維（David Harvey）〔著〕：王志弘、徐苔玲〔譯〕，《寰宇主義與自由地理》（台北：群學，2014.02）。

〔註20〕愛德華・索雅（Edward W soja）〔著〕：王志弘、張華蓀、王玥民〔譯〕，《第三空間》（台北縣新店市：桂冠，2004.04）。

　　透過以上與空間理論相關的書籍，書中的許多例子與論述，詮釋了與地方相關的文化現象、社會狀況，雖然多是解釋文化現象、社會狀況與地理環境的連結，但皆可應用於文學分析上，從分析的文本中所提及的空間，援以相關論點，可以較清晰的挖掘出地方與文學作品的直接關連性，用以更完整的架構去討論地方與文學的關係。

二、學位論文

　　根據「臺灣博碩士論文知識加值系統」中所查詢，關於「阿里山」的碩博士論文共有 3165 篇，其中大部分爲土木、建築、園藝、森林、生態、民俗相關系所所發表，文學相關學系所發表篇章不到 50 篇，佔的份量爲少數，其中多爲研究清領、日治時的漢文詩，或針對阿里山原住民鄒族的文化研究。另一方面，關於空間書寫的碩博士研究是不少的，共有 268 篇，但阿里山近代空間／地方書寫的相關研究，卻僅有蘇玫陵〈部落山林憶往書寫：以白茲·牟固那那作品爲例〉。阿里山，具有深刻意義的地域，在文學相關學術論文中，卻少有人鎖定此地域作爲研究。

　　雖然在此之前，並未有以阿里山山脈爲研究主軸的學位論文，但採用以同一山脈周遭爲研究主軸的，陳泳曆〈通往桃源的路——戰後太魯閣書寫研究〉〔註 21〕展示了出良好的區域研究模式，皆爲針對同一山區相關的文學文本進行研究。雖然研究區域不同，但在文本的研究方法上，在研究初期獲得不少幫助，以區域爲主並設定範圍與時間，並將相關作品分類討論，提供了良好的示範與構想。較爲不同的，陳泳曆以年代爲作品進行分類，再以作家爲主體論述，本論爲了凸顯以空間爲主的論述，是以地方空間爲主，再進行作品的討論，並不以時間、作家爲主要分類項目。

　　關於各章節中的文本分類，楊雅智〈日治時期漢詩文中的阿里山書寫〉〔註 22〕、江明慧〈觀光·凝視·阿里山：以日治時期臺灣漢詩文與圖像爲分析場域〉〔註 23〕，這兩篇提供了筆者不少的借鏡，雖新詩與漢詩文大相異趣，但

〔註 21〕陳泳曆，〈通往桃源的路——戰後太魯閣書寫研究〉（花蓮：國立東華大學華文文學系碩士論文，2012）。
〔註 22〕楊雅智，〈日治時期漢詩文中的阿里山書寫〉（台中：逢甲大學中國文學所碩士論文，2011）。
〔註 23〕江明慧，〈觀光·凝視·阿里山：以日治時期臺灣漢詩文與圖像爲分析場域〉（台北：國立臺灣大學台灣文學研究所碩士論文，2012）。

詩人對於同一地域、一樣的情感發想，其實是異曲同工的。兩篇關於阿里山漢詩文的研究，對於詩作的分析方法與整理方式，則提供筆者的一些發想與方法，將詩作內容主體進行分類，並針對其提出分析，就是筆者從中所學習到的。

　　由於對於地方、人與文學的探析，對於其中意識的批判必不可以少。劉智濬〈認同・書寫・他者：1980 年代以來漢人原住民書寫〉〔註24〕，雖然主要是以作家為主軸分析，但「認同」為題的概念，從「再現實踐」中分析文學文本中對於土地的再現，分析書寫台灣的文學作品，近於人文地理學的概念，就是人與地方的關係。對於不同作家的解析，說明對台灣的情感、認同，與地方書寫的相關論述，雖然與本論提到的作家，僅有少部分相關，但詳細的研究成果，提供了一個宏觀的面向，讓筆者在另一角度下有所參照與反思。

三、期刊論文

　　既然要以阿里山地域為主軸，進行空間探討，因此對於此一空間的認識必不可少，在討論文學文本前，則必須對阿里山空間的範疇進行釐清與探討，才能接著對文本進行研究。雖然對於阿里山進行調查的專書不少，不只科學空間上的定義，還有生態、環境……等等的書籍，相當的豐富外，則需要從文學史料中再次加以整理。浦忠成〈阿里山在哪裡？——阿里山認知差異初探〉〔註25〕，就再次從文獻調查中，闡述了阿里山的地區涵意，不僅僅只是一個地名，兼以鄒族的角度，在相同的時空交相比較「阿里」的意義，因為命名即是一個神聖化的過程，不同以往皆從漢人的角度解析，呈現出不同民族對於「地方感」不同的解讀。對於本論前期的準備作業相當有幫助，不只以舊文獻資料，還獲得了較可靠的研究成果來支持本論的研究。

　　蘇慧霜〈森林詩語——阿里山詩歌裡的時空書寫〉〔註26〕，是近年對於阿里山詩歌較新的研究成果，也提供了對於本論新詩研究的幫助。〈森林詩語——阿里山詩歌裡的時空書寫〉中藉由對於阿里山的詩歌書寫，說明了詩作

〔註24〕劉智濬，〈認同・書寫・他者：1980 年代以來漢人原住民書寫〉（台南：國立成功大學臺灣文學系博士論文，2011）。

〔註25〕巴蘇亞・博伊哲努（浦忠成），〈阿里山在哪裡？——阿里山認知差異初探〉，《人文研究期刊》第 9 期（2011.12），頁 39～56。

〔註26〕蘇慧霜，〈森林詩語——阿里山詩歌裡的時空書寫〉，《彰化師大國文學誌》29 期（2014.12），頁 59～91。

如何架構了文學中的阿里山,而這一個文學中的阿里山並非純然虛構,是基於阿里山眞實空間所架構出來的,地方在詩作上的影響是一樣的,以詩詠情而窺得地方的眞實,建構出台灣人的阿里山。論述的結論,對於本論提供了有利的參考,而且從地方去討論文學,在往常是比較沒有的,多是以作者或是地方文學史的脈絡進行研究,本篇在詩歌的面向中,已清晰的指出阿里山文學面貌的端倪。

第二章　阿里山的人文與地方

第一節　阿里山何在

在台灣，阿里山印象鮮明存在民眾心中，阿里山在哪？可是台灣的山脈中沒有一座山頭叫做阿里山。在地理科學上的指涉，阿里山指的是一座山脈：阿里山山脈，台灣的五大山脈之一。

一、科學地理上的定義

位於玉山山脈西方，兩山脈隔著楠梓仙溪為界。阿里山山脈北起南投集集的濁水溪南岸，南抵高雄燕巢的雞冠山，稜脈走向大致呈北北東——南南西向，玉山山塊以北轉為南北向，長約 250 公里。阿里山山脈的平均高度約為 2000 公尺，沒有 3000 公尺以上的高山，最高處在中段，也就是位於阿里山森林遊樂區內，大塔山是最高峰，海拔高度為 2663 公尺。由於大斷層通過阿里山山脈的東側，造成了東坡陡，西坡緩的地勢。〔註1〕

〔註1〕　楊建夫，《台灣的山脈》（台北縣新店市：遠足文化，2001.11），頁 40。

圖 2-1　阿里山山脈區域圖〔註2〕，可清楚看出阿里山山脈的範圍與位置

　　一般人口中的「阿里山」一詞為代稱，大都泛指於阿里山森林遊樂區一帶：「今人所熟悉的阿里山僅限第三西側稜，尤其是祝山至阿里山神木方向的西北山坡，大約 2 平方公里或 200 公頃的小區域」〔註3〕。由於阿里山山脈在玉山山脈的西側，在日治之時，要先經過阿里山到達玉山登山口，才開始攀登玉山，常在許多遊記、登山記錄中見到此一敘述〔註4〕，當時的登山活動中，阿里山猶如玉山的門戶一般。

〔註2〕　圖片取自：〈台灣山脈列表〉，（來源：https://zh.wikipedia.org/wiki/%E5%8F%B0%E7%81%A3%E5%B1%B1%E8%84%88%E5%88%97%E8%A1%A8，2015.11.25）。
〔註3〕　陳玉峰、陳月霞，《阿里山：永遠的檜木霧林原鄉》（台北：前衛，2005.01），頁 43～44。
〔註4〕　林玫君，《台灣登山一百年》（台北：玉山社，2008.07），頁 58。「日治時期，玉山登山路線有三條：第一、阿里山線，從嘉義搭阿里山小火車至登山口，經塔塔加，在新高下（今排雲山莊）夜宿，再徒步攻頂……這條道路雖然較晚開發，但因擁有遠近馳名的阿里山和玉山，一躍成為日本當局宣傳台灣之美的特殊道路。」

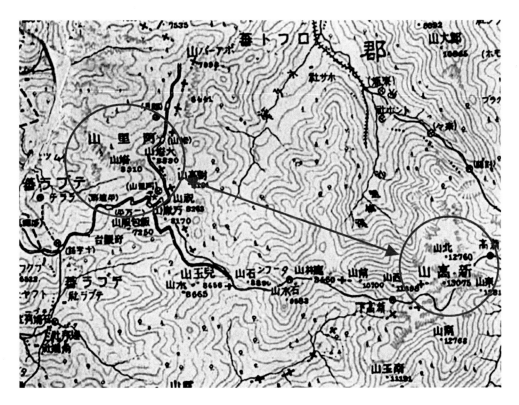

圖 2-2　日治的阿里山地圖（日治三十萬分之一台灣全圖（第五版），1939 年）
〔註 5〕

二、多元的生態

　　阿里山山脈的海拔落差極大，從平原到高山，因此具有了熱、暖、溫三種不同的氣候帶，也形成了豐富的生態系。平地到 800 公尺間為熱帶林，因為漢人開發與便於耕作，多為水田、旱作為主，林木以檳榔、孟宗竹等經濟作物為主，800 至 1800 公尺間為暖帶林，林木為柳杉、台灣樺、福州杉等，1800 至 2800 公尺間為溫帶的針闊葉混合林，有紅檜、台灣扁柏等，可參見圖 2-3。豐富的植物生態，除了高山杜鵑外，還有日治時引進的日系櫻花，有吉野櫻、千島櫻、大島櫻、八重櫻等，曾在英國蘭展奪下大獎的一葉蘭也是產自於阿里山。〔註 6〕

〔註 5〕　圖片取至：〈臺灣百年歷史地圖〉，（來源：http://gissrv4.sinica.edu.tw/gis/twhgis/，
　　　　　2015.11.25）。可看出阿里山與新高山（玉山）地理位置相近，並且有路線連
　　　　　接兩地。
〔註 6〕　江復正、趙瑜玲，《逐路細說臺 18 線——阿里山公路的古往今來》（新北市：

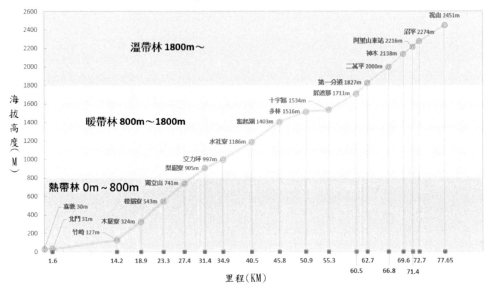

圖 2-3　阿里山海拔與氣候帶示意圖〔註7〕

　　在森林間，常見的鳥類有冠羽畫眉、白耳畫眉、青背山雀、栗背林鴝，較為罕見的有黑長尾雉、藍腹鷴、白頭鶇，除了鳥類，尚有哺乳類的台灣彌猴與赤腹松鼠，花草間的各類蝴蝶：大紅紋鳳蝶、白紋鳳蝶、玉帶鳳蝶、烏鴉鳳蝶、台灣麝香鳳蝶、紫斑蝶……等，還有吸引生態攝影者的各式蛙類：莫式樹蛙、梭德式赤蛙、斯文豪氏赤蛙……等，更有知名的阿里山山椒魚，阿里山就是具有如此豐富又獨特的豐富物種。〔註8〕

三、阿里山歷史演變

　　經由科學的測量、界定，清楚了解阿里山的地理位置，可是阿里山的地區概念，在最初是如何成形的，人開始對地方有了意識，即賦予地方意義，因此了解「阿里山」的流變形成，是在文本分析前要先釐清的問題。1717 年

　　典藏文創，2013.08），頁 185～186。此段參考書中介紹，統整後，簡約明白的概述阿里山的植物狀況。

〔註7〕　圖片製作參照：蘇昭旭，《阿里山森林鐵路傳奇：雲頂上的火車之戀》（台北縣新店市：人人，2009.01），頁 16～19。此圖參照書中敘述與圖表製作而成。

〔註8〕　黃瀚瑩，《尋找阿里山》（嘉義市：農委會林務局嘉管處，2011.06），頁 70～75。此段參考書中關於阿里山生態狀況的介紹後，加以整理並說明。

出版的《諸羅縣誌・蕃俗・雜俗》中，在清代就有記載阿里山的山區狀況：

> 蛤仔難、哆囉滿等社，遠在山後。崇爻社餉附阿里山，然地最遠。越蛤仔難以南，有猴猴社；云一、二日便至其地，多生番，漢人不敢入。……
>
> 阿里山離縣治十里許，山廣而深峻。番剽悍，諸羅山、哆囉咽諸番皆畏之；遇諸塗，趨引避匿。〔註9〕

可知道當時阿里山山區的原住民凶悍無比，可是卻無從知道「阿里」的命名具有何種含意，而日人學者安倍明義（アベアキヨシ）推論：

> 關於「阿里山」這個名稱的由來已無從考查，很可能出自鳳山平埔蕃所稱該地山區生蕃名稱 Karii（傀儡）。諸羅平埔蕃也以 Karii 轉訛 arii 稱該地之山蕃。在台灣蕃語變化成閩南語的通則是：K 的子韻往往會喪失其發音。況且諸羅平埔蕃語已變成死語，欲實際地考證已屬不可能，然而，其原語跟鳳山平埔蕃語有近似之處，則是不能否認的事實。〔註10〕

筆者翻閱介紹阿里山的書籍，大都支持「阿里」之名是來自音譯，尤其台灣許多地名都因原住民族語的音譯而命名，故普遍認為從音譯的可能性為大。

林務局所出版的《檜意山林：阿里山林業百年的故事》中又有提出兩種說法：「一為昔日部落首領為阿里，紀念而稱之。二為以當時善獵稱雄的鄒族頭目阿巴里為名。」〔註11〕鄒族學者浦忠成對此採反對意見，根據他自身田調考據與文獻資料相互比對、推論，認為此二種說法皆有不符鄒族傳統的誤謬。在浦忠成〈阿里山在哪裡？——阿里山認知差異初探〉考察下〔註12〕，線索更形紛亂，雖阿里山之稱的起源不可考，卻可確定當時阿里山山區是歸屬於原住民的領域，只是文獻資料不足，也無相關證據指出詳實的地名流變狀況，阿里山之名流傳至今，約定俗成。

〔註9〕〔清〕周鍾瑄〔著〕，台灣史料集成編輯委員會〔編輯〕：《諸羅縣誌》（台北：文建會，2005.06），頁 253～254。

〔註10〕安倍明義，《臺灣地名研究》（台北：武陵，1998），頁 200。

〔註11〕莊世滋〔編撰〕，《檜意山林：阿里山林業百年的故事》（嘉義市：農委會林務局嘉管處，2011.09），頁 42。

〔註12〕巴蘇亞・博伊哲努（浦忠成），〈阿里山在哪裡？——阿里山認知差異初探〉，《人文研究期刊》9 期（2011.12），頁 39～56。在此篇中，除了舉出詳細的歷史文獻比對外，並以鄒族本身的習俗與其相互驗證，雖然並無定論，但進一步破除多種較不可信的民間說法。

　　以現今記載文獻可確定的，即是阿里山的山林何時進行大規模開發。日人殖民之初，很早就注意到台灣森林資源的豐富，阿里山林場則是日治時最早開發的林場，從明治 30 年（1897 年）就開始對阿里山山區周邊進行勘查，直到明治 32 年（1899 年），台南縣技手小池三九郎實地進入了阿里山山區，針對大片原始森林做了詳細的相關調查，直接證實有豐富的森林資源，尤其有大片的檜木存在，台灣總督府開始積極的開發阿里山林場。〔註13〕

　　初期最大問題即是如何從山區內運輸原木至平地，由於地勢陡峭，在多方調查與嘗試下，水路與道路運送皆不可行，最後在評估後採用鐵路來進行運輸。明治 37 年（1904 年）台灣總督府向帝國議會提出開發案並申請預算，可是遭逢日俄戰爭，日本政府財務吃緊，官營鐵路計畫失敗，期間曾嘗試交由民營的方式建設鐵路，也與民間公司合作破局導致失敗。後來明治 43 年（1910 年）日本政府總算通過預算，開啓了阿里山林場的官營事業。〔註14〕

　　　迨至 1920 年代，日本人開始推算阿里山林木資源耗竭的時間，唯恐
　　　天然森林砍盡時，人工造林來不及採收，林業經營將陷入窘境。為
　　　了鐵道工程資金回收與林業永久經營，營林所接受各方建議，決定
　　　發展阿里山觀光業。〔註15〕

　　之後政局、經濟穩定，日本政府提倡健行旅遊，鼓勵國民藉此強健體魄，並促進觀光發展。昭和 2 年（1927 年），《臺灣日日新報》舉辦活動，徵集全島民眾投票「臺灣八景」，最終阿里山獲選為八景之一〔註16〕，加速了阿里山的觀光發展。昭和 3 年（1928 年），更聘請造園學權威：田村剛（たむら　つよし，1890～1979，日本森林學家）前來阿里山實地勘查〔註17〕，針對旅遊觀光進行規劃。昭和 12 年（1937 年）12 月，設立三處國家公園〔註18〕，新

〔註13〕　莊世滋〔編撰〕，《檜意山林：阿里山林業百年的故事》（嘉義市：農委會林務局嘉管處，2011.09），頁 40。

〔註14〕　莊世滋〔編撰〕，《檜意山林：阿里山林業百年的故事》（嘉義市：農委會林務局嘉管處，2011.09），頁 44～55。

〔註15〕　莊世滋〔編撰〕，《檜意山林：阿里山林業百年的故事》（嘉義市：農委會林務局嘉管處，2011.09），頁 124。

〔註16〕　〈臺灣八景決定　二十五日鐵道ホテルに於ける　最後の審查委員會で　同時に別格二景及十二勝も決る〉，《臺灣日日新報》，1927.08.27，第 9 版。同列八景還有八仙山、鵝鑾鼻、太魯閣峽、淡水、壽山、基隆旭ケ岡、日月潭。

〔註17〕　莊世滋〔編撰〕，《檜意山林：阿里山林業百年的故事》（嘉義市：農委會林務局嘉管處，2011.09），頁 124。

〔註18〕　〈國立公共資訊圖書館　數位典藏服務網——臺灣国立公園寫真集〉，（來源：

高阿里山國立公園為其一。此後，本是載運木材、鮮載運人員的阿里山森林鐵路，搭乘其上達阿里山的觀光人口與日俱增。

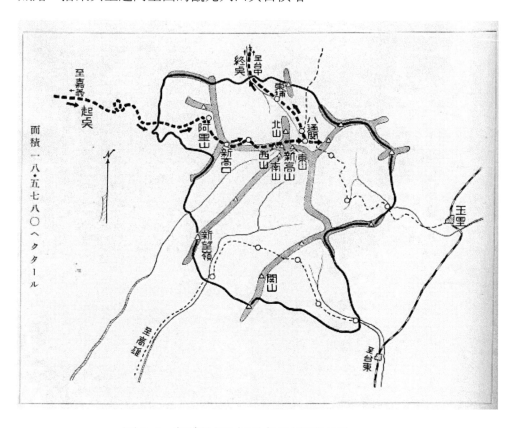

圖 2-4　新高阿里山國立公園區域圖〔註 19〕

戰後國民政府接手，旅遊的蕭條在阿里山並沒有持續太久，1963 年停止自營伐木後，森林鐵路轉型為觀光為主〔註 20〕。除了台灣人來此旅遊外，更有許多國外旅客慕名而來，1982 年阿里山公路（台 18 線）全線通車使得「一

http://das.ntl.gov.tw/sp.asp?xdurl=sp.asp&spurl=xdcm/query_for_front/arch/result_jap_book.jsp?xml_id=0000586778%26chapter_name=%E5%85%A8%E6%96%87%26ctNode=205，2015.11.26）。

〔註 19〕〈國立公共資訊圖書館　數位典藏服務網——臺灣国立公園寫眞集〉，（來源：http://das.ntl.gov.tw/sp.asp?xdurl=sp.asp&spurl=xdcm/query_for_front/arch/result_jap_book.jsp?xml_id=0000586778%26chapter_name=%E5%85%A8%E6%96%87%26ctNode=205，2015.11.26）。

〔註 20〕江復正、趙瑜玲，《逐路細說臺 18 線——阿里山公路的古往今來》（新北市：典藏文創，2013.08），頁 174。

條公路賽過五條鐵路」〔註21〕，2001 年正式成立阿里山國家風景區，除了原
先的阿里山森林遊樂區納入外，還包含了嘉義縣梅山鄉、竹崎鄉、番路鄉及
阿里山鄉〔註22〕。至此，台灣人對於阿里山此地的人文意識，除了對於自然
風貌的印象外，大抵不出這段百年開發史的地域範疇左右。

第二節　文學的地方感

　　傳統的文學批評重於人物描寫與劇情轉折，對於空間僅是分析其敘述筆
法是否巧妙、華麗，並非地方對於創作者並非不重要，而是人的生活其實就
呈現了地方的型態，在文本中對於生活的描述，就不時的透露出地方的樣貌。
范銘如是如此解釋：「早期鄉土小說的地方感幾乎都是藉由一些細微的家禽、
家畜、家人與鄰里間的互動，建構出一種親切或崩解的家鄉感受。」〔註23〕，
「地方感」的建構不在於要對地方的一草一木有非常詳實的客觀認識，地方
是基於人本中心論所成立的，空間經由人詮釋才生產出了地方，而生活中架
構出的空間，人對其產生的意識，停滯的空間就此形成地方，人如何主觀的
看待生活區域，就是「地理感」〔註24〕運作的關係，因此在文本中敘述生活
就是創作者以文字將「地方感」呈現出來，可能是一般人不經意的小路、不
知名的樹木，卻不斷透露了生活空間中的種種。強烈「地方感」的文學文本，
會使得讀者產生共鳴，產生了相同的「地方感」，可能是創作詳盡的描述讓讀
者受到感召，但有一必要條件是，讀者具有類似的「地方經驗」，才得以感受
到家鄉的氣息，經驗中有著近似文化、空間背景的讀者，心中產生相同感觸
的程度更高。

　　詹姆斯‧喬伊斯（James Augustine Aloysius Joyce，1882～1941，愛爾蘭
作家和詩人）曾說：「有一天，都柏林這座城市摧毀了，人們也可以憑藉我的

〔註21〕 江復正、趙瑜玲，《逐路細說臺 18 線——阿里山公路的古往今來》（新北市：
　　　　典藏文創，2013.08），頁 178～181。
〔註22〕 〈阿里山國家風景區——處長歡迎您〉，（來源：http://www.ali-nsa.net/user/
　　　　Article.aspx?Lang=1&SNo=03002474，2015.11.27）。
〔註23〕 范銘如，〈七〇年代鄉土小說的「土」生土長〉，《文學地理：臺灣小說的空間
　　　　閱讀》（台北：麥田，2008.08），頁 165。
〔註24〕 潘桂成：「『地理感爲一種理性的感性』，是人與環境互動關係的結果」。參照
　　　　於：段義孚（Yi-Fu Tuan）〔著〕；潘桂成〔譯〕，《經驗透視中的空間和地方》
　　　　（台北：國立編譯館，1998.03），頁(9)。

小說（《都柏林人》），一磚一瓦地將之重建。」「地方感」僅僅只是片面、感性的嗎？喬伊斯如此有信心的說出這段話，除了在文本中精確的敘述都柏林人外，另一部份是，「地方感」是經由人產生的，產生的過程並非只是人無意識或過度情感渲染，是經過思考有意識的呈現，人是複雜的，但卻不是不具有邏輯的，文學作品則更具有邏輯性，創作者在書寫時會精煉的使用字句去敘述地方。因此如同喬伊斯所言，只要經由「地方感」能準確的掌握，根據《都柏林人》內的單篇作品，交互比對並架構起來，就可以重建一個地方。

　　人最初對空間有了意識，許多的研究中都指出是有了「家園」的概念。台灣文學中最明顯的就是原住民文學中呈現的，鄒族作家劉武香梅曾說：「學經歷談不上，程度也不好，只能以簡單的詞彙寫童年的生活。唯一感到寶貴的，就是我對故鄉土地的感情是真實的，對它的忠實是無可置疑的。」〔註25〕原住民的信仰是較原始的，將神靈與祖先置於同一位階，經由原住民實際的經歷與書寫，可以直接的了解原住民書寫為何對家園充滿了強烈的「地方感」。

> 一旦住屋建好後，當有成員死亡而埋於屋內（此為傳統的埋葬方式），則此地變成為該家庭所有而為其後代繼承。至此，所有權也確立了。因此，任何一位新移入者，只要被該聚落接受住一段時間而有家庭成員死於斯，便可擁有住地的所有權與使用權。……雖然它並不具有明顯儀式行為及禁忌來肯定，但由其經家庭成員的葬禮來肯定住地的所有權來看，住地實際上代表著聚落，它所有權的獲得，也代表該家庭對該聚落的認同。〔註26〕

　　布農族會將死去的長者埋入房屋底下，他們相信祖先會與家人一同存在住屋中，生活在同一土地空間中，因此形成了家屋的概念，之後家族擴大，家園的概念擴大成為聚落，家園／地方的概念就持續擴大，只要意識到家屋不只是居住空間，是家園，家庭意識又繼續擴大成為聚落，那地方的疆界就會不斷的變動。

　　鄒族也有著類似的風俗，將死去的親屬埋於屋內。關華山對於鄒族家屋建築的研究指出：「室內葬將族人的『陽宅』與『陰宅』放在同一塊基地上，

〔註25〕孫大川〔主編〕，《台灣原住民族漢語文學選集——散文卷（上）》（台北縣中和市：印刻，2003.04）頁16。

〔註26〕黃應貴，《東埔社布農人的社會生活》（台北：中研院民族所，1992.10），頁88。

只是一個在地上，一個在地下；一個光亮，一個黑暗，分別屬活人的家與死人的歸宿。」〔註27〕甚至提到「家內地下則庫存、保守了個人生命火的殘餘灰燼」〔註28〕，這樣的論述是從鄒族每家必備的火塘延伸出來的概念：

> 前文已述及聯族、氏族鄒語的用詞，均使用 aimana（住屋內火塘四周的空間）一詞。……火（塘）作爲「生命源頭」的象徵，它所發散的光體，以住屋四垂頂與邊牆爲界，是家族安居於內之空間（aimana），火塘邊有個人的「座位」，再過去是四圍或不圍的寢床以及粟倉，人世的生活便如此展開。〔註29〕

生命的意義在家屋中就眞實的體現了，更延伸至死亡。不同的族別，確有相同的概念。關華山的研究還指出家屋的前門面向日出、後門面向日落，認爲「在日出、日落方向的認知賦予了『生命』與『死亡』的意義」〔註30〕。可見空間對於人類認知有深度的影響，不只體現在認知上，更體現在生死觀念與建築形式上。

《大學》：「是故君子先愼乎德。有德此有人，有人此有土，有土此有財，有財此有用。」〔註31〕講述出土地經由人而產生了價值，人最初生活在土地上是爲了種植農作物，因此視土地爲生命之源，土地具有了家園的概念，長久以來根深柢固在文化氛圍中，人對家園的重視，經由生活經驗的移轉，呈現在空間的移動上。由於遷徙／旅行的移動下，敏銳的作家充分運用了空間知識，經由生活空間所經驗到的，移動到不同空間所感知到的，「個體的身份認同與地方空間獲得一致，建構起隸屬於當地的主體意識（想像）」〔註32〕，將地方的情報用文字架構後，以書寫呈現，以「地方感」構築的文學地理就

〔註27〕 關華山，《邵、布農、阿里山鄒居住文化之比較》（台北縣板橋市：稻香鄉，2010.01），頁83。
〔註28〕 關華山，《邵、布農、阿里山鄒居住文化之比較》（台北縣板橋市：稻香鄉，2010.01），頁84。
〔註29〕 關華山，《邵、布農、阿里山鄒居住文化之比較》（台北縣板橋市：稻香鄉，2010.01），頁83。
〔註30〕 關華山，《邵、布農、阿里山鄒居住文化之比較》（台北縣板橋市：稻香鄉，2010.01），頁81。
〔註31〕 〔漢〕鄭玄〔注〕；〔唐〕孔穎達〔正義〕，《禮記註疏》（台北：藝文印書館，1965 年影印〔清〕嘉慶 20 年（1815）江西南昌府學《重刊宋本十三經注疏附校勘記》本），頁 987～2。
〔註32〕 范銘如，〈七〇年代鄉土小説的「土」生土長〉，《文學地理：臺灣小説的空間閱讀》（台北：麥田，2008.08），頁 156。

完整的呈現出來了。因此地方書寫的範疇有包含著鄉土書寫，都為對空間有
了意識的「地方感」下，因此無論散文、新詩、小說，就算為不同型態的文
體，將其訴諸書寫的文學作品，皆是呈現出詮釋空間的書寫，為地方書寫的
研究範疇內。

　　在現代化快速發展下，社會形態的快速變遷與全球化的資本主義興起，
衝擊了傳統的觀念，在傳統觀念下的家園勢必接著受到了影響，基於家園概
念形成的地方，受到了衝擊，觀光興起與交通便利縮短了空間的移動，全球
化模糊了地方的邊界，當地方受到挑戰，是否就不復存在？蒂姆‧克雷斯韋
爾（Tim Cresswell，1965～）如此說明：

> 在抵抗全球資本流通上，投資於地方可以發揮一定作用，但是另一
> 方面，人群定義自己以對抗未納含於特殊地方願景中的威脅性他
> 人，在這樣的世界裡，投資於地方往往是一股排外力量。另一方面，
> 那些試圖關注以地方為基礎之存在的固著性（fixities）的人，則認
> 為全球化流動引起了焦慮。〔註33〕

對於全球化的焦慮，地方可能面臨的消失，讓許多人著手「投資」於地方，
常見的就是建立地方特色，讓地方增加（或挖掘）多種意象，而不至於被全
球化所吞沒。因此從本來只是描寫生活裡呈現地方意象的書寫，傳統觀念轉
變了，書寫方式也產生了轉變，開始朝著細膩的環境描寫，書寫強烈的呈現
地方意識。

　　范銘如〈七〇年代鄉土小說的「土」生土長〉中提到：

> 然而當筆者由黃春明和王禎和兩位經典作家的小說入手，尋覓再現
> 於文本的原型時，驚訝地發現，他們關於地誌的描摹並不多，遠遠
> 少於對人物的刻畫關注。……
>
> 　　值得注意的是，在七〇年代中期，洪醒夫和宋澤萊的小說裡，
> 地誌描繪的比重以及土地意識有逐漸增強的趨勢。……換言之，空
> 間從人活動的布景，一路拉近焦距，躍升為書寫的主體，並且連結
> 上更高層次的象徵性系統。台灣小說裡土地的角色在十年之間產生
> 莫大的變化。〔註34〕

〔註33〕蒂姆‧克雷斯韋爾（Tim Cresswell）〔著〕；王志弘、徐苔玲〔譯〕，《地方：
　　　　記憶、想像與認同》（台北：群學，2006.02），頁103。
〔註34〕范銘如，〈七〇年代鄉土小說的「土」生土長〉，《文學地理：臺灣小說的空間

鄉土小說的轉變,正呼應了環境的轉變。這段范銘如的論述中,主要對鄉土
小說敘述的質變提出了疑問,在此可借鏡來看,七〇年代台灣經濟起飛,社
會環境受到資本主義影響,工商轉型與地域大量開發,人們感到地方的改變,
乃是意識的轉變,作家的在意與憂心,隨著時代變化,書寫策略也隨著反應
在文本中,而文學體現的地方意識,也正是內在(地方、傳統價值)對外來
(全球化、資本主義)的反動,人文藉著文學發出批判,產生了力量。范銘
如對於空間對於人的影響如此說明:

> 不同尺度的空間範疇提供身體活動的場所,同時影響了我們的言行
> 舉止和思維感知,甚至牽動了我們對空間的再造與再現。空間的比
> 喻、象徵、規劃、想像或意義的賦予,雖不乏藝術家獨特的審美創
> 造,跟主導的象徵體系或文化論述亦有深層細密的影響。〔註35〕

空間的再造與再現,文學提供了一個很好的載體,用文字可以詳實闡述
了空間的環境狀況,字句的轉折呈現出人類心靈的意象,不是如地理科學一
般,僅是記載地域上的物理疆界,而是整合人賦予地方的意義,是用文字的
特性:比喻、象徵……等等的手法,用文學去表達的「地方感」,再讓文學這
載體去傳達地方的意象,這就是文學地理。

在歷經不同統治、社會變化與時代變遷的阿里山,藉由人本主義、現象
學、社會主義、第三空間……等等的方法論,針對阿里山的地方書寫,不同
文類的文學載體中,記載著阿里山的「地方感」,從文學地理中,認識人對單
純空間產生意識而賦予意義的地方。而文學載體正好扮演了異質空間、再現
空間等的角色,在這其中探討阿里山中的傳統意象(地景、自然),或是對於
外力的批判(文化變遷、資本主義),文學這一媒介,真實的表達出來人與地
方的關係。或有如列斐伏爾所主張:「生三成異」〔註36〕,打破人、地方兩者
的二元關係,放入第三種可能性:文學書寫,從中把人與地方的聯繫與真實,
娓娓訴說。

　　　　閱讀》(台北:麥田,2008.08),頁 154。
〔註35〕范銘如,《文學地理:臺灣小說的空間閱讀》(台北:麥田,2008.08),頁 17。
〔註36〕愛德華‧索雅(Edward W soja)〔著〕;王志弘、張華蓀、王玥民〔譯〕,《第
　　　　三空間》(台北縣新店市:桂冠,2004.04),頁 80〜82。此章節可見索雅對於
　　　　列斐伏爾「生三成異」的介紹與說明。

第三節　人文與空間的交錯

　　中華民族對於地域的「中心──邊緣」兩者的概念，不是一圓形而是方形的概念，《說文》：「國，邦也。」〔註37〕顯而易見的，是以自身為中心去看待所處的空間，從文字中更進一步顯現了怎樣有了「中國」這一概念，甲骨卜辭中記載：「象邑外四界之形」〔註38〕，理清了先民從中心（自身）出發的空間概念，再開始對身體外的方位進一步的接觸與想像，「天圓地方，道在中央」〔註39〕、「孔竅肢體，皆通於天。天有九重，人亦有九竅」〔註40〕。《淮南子・天文訓》中就可看出有著將身體為中心，延伸與天地類比的概念，人對於世界的概念蒙發，天空日月就成了最醒目的目標，藉由太陽在天空的行進順序，依序產生了東、南、西、北的方位，方位於此而後生，探索疆界的過程中，對於世界空間自然會對其定義、畫限，而建構了同心方的世界範疇，《淮南子・天文訓》：「天道曰圓，地道曰方；方者主幽，圓者主明。」〔註41〕就指出這樣的概念，並且對於天、地賦予了意義，不是純物質性的辨別、詮釋。

　　古人並無現今地理科學的基礎知識，僅是單純的將所見所感直接陳述，從身體到空間的理解，再由對空間的概念衍生為萬物的分類，並根深蒂固存在於文字的隱喻之中。文學何以成為地方的載體？在文字、語言的形成當中，很多概念就已經是與自身、地方有所連結，當人對事物有了意識與連結，才產生了意義，這是人文地理的核心之一，也是構成文學的要素之一，如僅是單純的字彙無法深刻表達人的感受，當用繁複的字句堆疊，則可以成百倍傳達人的感受，尤其文字本身就具有一定的意義性，更適合承載龐大的地方資訊，在某個角度看來，特定文字與字句的涵義，就基於空間衍生而出。

　　地方為何需要被保存？在於經驗需要被延續。人用經驗去感知空間，得出的解釋，形成了空間知識，在空間的移動中，知識隨之移動，在不同地域，產生了不同的地方知識與記憶，因此地方書寫保存了地方的記憶，間接延續了人的經驗，上節所提：「有德此有人，有人此有土，有土此有財，有財此有用。」德、人、土、財的順序，其實就隱含了這一概念，藉著對土地的記憶，延續到不同人類個體上。

〔註37〕〔漢〕許慎〔撰〕，《說文解字》（北京：中華書局，1963），頁 129。
〔註38〕周法高〔主編〕，《金文詁林》卷六（香港：香港中文大學，1975），頁 3982。
〔註39〕劉文典〔撰〕，《淮南鴻烈集解》（北京：中華書局，1989），頁 107。
〔註40〕劉文典〔撰〕，《淮南鴻烈集解》（北京：中華書局，1989），頁 126。
〔註41〕劉文典〔撰〕，《淮南鴻烈集解》（北京：中華書局，1989），頁 80。

　　段義孚（Yi-Fu Tuan，1930～）對於「經驗」有著詳細的解釋：

> 經驗是「感覺」和「思想」的綜合體。人的感覺並非由個別的
> 感受形成，而是長時期的許多經驗的記憶和預期的結果，所以，我
> 們可以說一個感覺的生命就如思想的生命一樣具連繫性。通常有謂
> 感覺和思想的性質是相反的，即說感覺爲主觀的表露，而思想爲客
> 觀的眞實，而事實上，他們只是一個經驗連續體的兩端，乃兩種不
> 同的認知方法。〔註42〕

文學是感性、主觀的，闡述感覺和表達思想，基於段義孚的解釋，文學正適
合成爲經驗的傳達者，因爲文學可以很好的將經驗記錄下來，而成爲穿越時
間、空間的載體，將生活空間傳接下去，對於地方，對於人，讓感覺延續下
去。人的感性存在於靈魂深處，精神就是靈魂的體現。加斯東・巴舍拉（Gaston
Bachelard，1884～1962，法國哲學家）對此看法是：

> 精神也有放鬆的能耐，但在詩意夢想中，老靈魂毫不緊張，不僅放
> 鬆且保持活絡。若要構作一首完整而結構良好的詩歌，精神就必須
> 有所籌謀，預想清楚。但是，對一個單純的詩意象來說，根本是無
> 所籌謀的，只消靈魂顫抖一下，即見分曉。靈魂透過詩意，說出自
> 己的在場。〔註43〕

　　探索人類的本質，從靈魂中開始，因此本論討論到了新詩，新詩相較於
另外兩者（散文、小說），篇幅短小，呈現的意象僅是一瞬之間，縱然文字本
來就具有一定的意象性，詩作是否就不如另外兩者，不能夠詳實的敘述地方？
其實不該如此比較，詩作呈現的是另一種文學面向，即是在那一瞬之間，立
即展現現實與意識的連結，喚醒人深層的經驗，尤其是家屋的記憶，深刻在
生活、地方上。對此，巴舍拉是如此的描述：

> 因而，記憶的家屋（maison du souvenir）在此變得有些心理上
> 的複雜度。跟獨處的幽暗角落連結在一起的，就是臥室和起居室，
> 它們支配了主要的存有者。我們誕生的家屋（maison natale），則是
> 生長棲息的家屋，裡面散佈著私密感的特質，但這些特質卻很難被

〔註42〕段義孚（Yi-Fu Tuan）〔著〕；潘桂成〔譯〕，《經驗透視中的空間和地方》（台
　　　　北：國立編譯館，1998.03），頁8。
〔註43〕加斯東・巴舍拉（Gaston Bachelard）〔著〕；龔卓軍、王靜慧〔譯〕，《空間詩
　　　　學》（台北：張老師，2003.07），頁41。

固定下來，它們隸屬於辯證法。〔註44〕

　　人對於空間的辨識，前面已提到是基於身體的延伸，在延伸爲地方概念前，如同原住民傳統習俗一般，普遍認同家庭空間，即是家屋的存在。巴舍拉將心靈解釋爲家屋，這一意識很鮮明的表示出來關於人的原始思維，實實在在的體現在空間了，有如借代現實的空間來呈現意象，但這意象卻又如眞實，詩意是心靈的眞實，閣樓與地窖都是心靈深處的私密空間，藉著那一閃過的詩詞呼喚出眞實的記憶。從詩作的角度看來，空間對於人不單單只是一種詮釋與借代，可說是心靈外放的一種實體意象，心靈與空間重合了，無所謂眞不眞實，各種特質保留放置在空間中，收納在家屋各處，只是當書寫／閱讀之時，將其召喚。人對於詩意的意象，趨向於夢境，不斷得呼喚出深層記憶。

　　對地方書寫的詩，是擴及至生活的空間，如同家屋般的擴大到聚落，再擴大到地方，這是一種藝術與美感的紀錄，就算用科學詳細記載了阿里山的自然景色，卻不會知道參與阿里山開發的河合鈰太郎博士，是如何感慨被砍伐的千年森林，而寫下「一境幽情，終夜不眠」的動人語句，使得塔山下石猴一帶的地名，改稱爲「眠月」，致使原本森林鐵路的塔山線也改稱眠月線。詩喚醒了美好的幸福空間意象，最後進入了現實，並眞實的再造了現實，又成爲記憶，成爲地方。

　　文學呈現了文化的意識與態度。研究地方何以從文學切入，何以在人與地方之間插入文學，何以將問題複雜化？吳潛誠〈從台灣看愛爾蘭〉：

> 被壓制了七、八百年的民族，爲什麼還一直想要追求獨立？爲什麼經過了七、八百年的壓迫之後還要掙扎、反抗，最後終於獲得獨立？民族情感、民族意識是無法單純以政治和經濟因素解釋的。爲什麼今天的北愛爾蘭六個郡的天主教教徒不惜採用暴力，要求脫離英國，倂入愛爾蘭共和國？北愛和愛爾蘭共和國合倂在一起，就政治和經濟上看來，恐怕也沒什麼好處；北愛爾蘭人要求脫離英國的想法，只有透過文化才能充分了解。〔註45〕

〔註44〕加斯東‧巴舍拉（Gaston Bachelard）〔著〕：龔卓軍、王靜慧〔譯〕，《空間詩學》（台北：張老師，2003.07），頁76。

〔註45〕吳潛誠，《航向愛爾蘭：葉慈與賽爾特想像》（台北縣新店市：立緒文化，1999.04），頁36。

「只有透過文化才能充分了解」，文化、人與空間的三者交錯，不只是單單受到文化影響這樣的因果關係，也不只是經由傳統科學去剔除人性。除了經由人親手再造或再現的地方，文學作爲人與地方的中介，一樣可以再造或再現，甚至保留對於土地的情感，回憶過往的家屋。在現代，地方隨著世界變動，跟著更複雜，文學中一樣可窺見全球化、社會主義、資本主義……等等的現象，甚至能超越政治和經濟，呈現心靈眞正面貌。地方面臨變動與挑戰，在後現代中，地方書寫也肩負起批判與反思的角色，對於已發生或未發生，散文表達了地方的意識，新詩召喚了地方的記憶，小說給予了異空間進行調度，多維面向的空間，經由文學一探心靈深處的家屋／地方。

第三章　戰後台灣阿里山現代散文書寫

　　此章節探究基於阿里山此一地域所寫出的散文作品，將作品分類為：旅遊、原鄉、田野調查三個主題進行討論。

　　第一節中，以劉克襄書寫關於阿里山的散文：〈阿里山的入口站〉[註1]、〈阿里山的愛戀〉[註2]、〈阿里山花季掠影〉[註3]、〈石鼓盤〉[註4]4篇為主軸論述，並輔以賴鈺婷、吳功正的散文加以析論，探討旅遊的過程中如何與地方產生意識連結。

　　第二節中，以三位身份各異的創作者，各以其書寫的散文為分析，分別是紐西蘭公民費爾・車諾高夫斯基（Phil Tchernegovski）《眠月之山：一個紐西蘭父親的台灣尋子奇緣》[註5]、日本阿嬤鈴木怜子（すずきれいこ）《南風如歌：一位日本阿嬤的臺灣鄉愁》[註6]、鄒族劉武香梅（族名：白茲・牟固那那（Paiz・Makgnana））〈木屐〉[註7]、〈親愛的 Ak'i，請您不

〔註1〕劉克襄，《迷路一天，在小鎮》（台北市：皇冠，2002.09），頁82～85。

〔註2〕劉克襄，《少年綠皮書：我們的島嶼旅行》（台北市：玉山社，2003.07），頁90～98。

〔註3〕劉克襄，《裡台灣》（台北市：玉山社，2013.06），頁25～32。

〔註4〕劉克襄，《大山下，遠離台三線：劉克襄的山際旅行》（台北市：皇冠，2004.02），頁120～130。

〔註5〕費爾・車諾高夫斯基（Phil Tchernegovski）、何英傑，《眠月之山：一個紐西蘭父親的台灣尋子奇緣》（台北市：遠流，2015.01）。

〔註6〕鈴木怜子〔著〕；邱慎〔譯〕，《南風如歌：一位日本阿嬤的臺灣鄉愁》（台北市：蔚藍文化，2014.09）。

〔註7〕劉武香梅，〈木屐〉，收錄於：孫大川〔主編〕，《台灣原住民族漢語文學選集——散文卷（上）》（台北縣中和市：印刻，2003.04），頁17～25。

要生氣〉〔註 8〕、〈火焰裡的祖宗容顏〉〔註 9〕，從不同的文化、環境背景去探討，地方是如何形成鄉土的皈依。

第三節中，所選散文以地方經驗深厚的作品爲主，選取陳月霞〈樹靈塔〉〔註 10〕、〈阿里山神木奇譚〉〔註 11〕與官鴻志〈不孝兒英伸〉〔註 12〕的報導文學作品，能夠從文本中深度的提取，解析出報導文學是如何借重地方的記憶，重新再現生活，並利用再現而致再建構，如何讓地方的符碼幫助創作者表達隱含的意圖。

無論與阿里山的地緣關係有深淺，三個主題都因阿里山的地域特性，喚醒出作家心靈深處的記憶與之連結，內容與方向雖不盡相同，卻使得書寫者有著強烈的意念，書寫阿里山，而這些作品又進一步的強烈影響讀者，使得阿里山的空間不斷再造，就算沒到過阿里山，也知道阿里山有神木、有森林鐵路、有雲海、有日出，就算在高海拔低溫下，卻有溫暖的阿里山人。

第一節　佇足的旅者：深度旅遊紀行

賴鈺婷〈追日阿里山〉中，阿里山的日出、神木、雲海……等等的景物，鮮明易見的地方符碼，呈現在旅途當中：

> 小時候到現在，我已累積了許多次到訪阿里山的經驗。山林的情景，穿行於森林浴步道、看神木、搭小火車、賞櫻花……。多次住宿於此，卻始終不曾捨棄睡眠，頂著低溫寒風，摸黑徹夜趕搭火車，上山追日的行動。也許是懶，也許覺得用不著這樣，我和許多人一樣，有各式各樣合於情理的藉口，日出不就是明信片裡那模樣，又何必

〔註 8〕 劉武香梅，〈親愛的 Ak'i，請您不要生氣〉，收錄於：孫大川〔主編〕，《台灣原住民族漢語文學選集——散文卷（上）》（台北縣中和市：印刻，2003.04），頁 26～38。

〔註 9〕 劉武香梅，〈火焰裡的祖宗容顏〉，（來源：http://aborigine.moc.gov.tw/laureate/2004/5-3.asp，2015.12.15）。此篇爲 2004 台灣原住民族散文獎得獎作品。

〔註 10〕 陳月霞，〈樹靈塔〉，收錄於：陳月霞，《阿里山俱樂部》（台北市：玉山社，2010.03），頁 30～37。

〔註 11〕 陳月霞，〈阿里山神木奇譚〉，收錄於：陳月霞，《阿里山俱樂部》（台北市：玉山社，2010.03），頁 12～29。

〔註 12〕 官鴻志，〈不孝兒英伸〉，收錄於：向陽、須文蔚〔主編〕，《報導文學讀本》（台北市：二魚文化，2002.08），頁 175～218。

　　勞師動眾，熬夜排隊等候？〔註13〕

一個地方的特色所帶來的差異化，會引起人們心理的想像，雖然僅是表面的象徵，但阿里山地區的特色，已經根植於台灣人心中，往往在書寫阿里山的作品，這些符碼都勢必會被提到。

　　大陸人士的台灣印象，阿里山即等同於台灣，為台灣印象的象徵，而非台灣第一高峰玉山。大陸學人吳功正在 1997 年曾來台灣遊歷，返回大陸後即在人民日報上發表了〈阿里山紀行〉，其中提到：

> 　　不到阿里山，何以能說到了台灣？！這倒不盡然是看那「美如水」的「阿里山姑娘」。從台北松山機場搭機僅四十分鐘就到了台灣的中部城市嘉義，然後改乘森林小火車進山。這種小火車只有在祖國東北的深山老林子裡才能見到。不過，它經過了改裝，變成了純粹的旅遊性小火車，頗有中世紀小火車的模樣和情調。也是那樣的牽引機，也是那樣的咣噹咣噹聲，它使我們出現了時空倒退，這似乎引發了我們的思古幽情。〔註14〕

接著又提到：「不到神木，又何以能說到了阿里山」〔註15〕，吳功正文末最後如此敘述：「山中，樹多，人少，不知阿里山的姑娘究竟在何方。樹密、蔭厚，彷彿能擠出濃汁。我只覺得，阿里山的風光美如畫。」〔註16〕之於台灣，阿里山舉世聞名，之於阿里山，神木必不可缺。

　　而在阿里山旅遊當中所見景、物，文章書寫、記述中，抑或觸動心弦只是一時的感念，還是基於生活經驗，召喚了記憶來輔助書寫，抑或兩者皆有？僅僅只是阿里山獨特的日出、神木、雲海、森林鐵道產生了書寫的意義？還是僅是書寫者創造出的阿里山形象？到底是什麼使得書寫地方，產生了意義與喻意。

一、移動的風景：阿里山森林鐵路

　　豐山（古稱石鼓盤），位於嘉義縣北緣的小鎮，歸屬在阿里山國家風景區內，進出需經由縣道 149 甲。在現今公路系統發達下，很難想像早期的豐山，

〔註13〕 賴鈺婷，〈追日阿里山〉，《遠走的想像》（台北市：有鹿文化，2013.12），頁219。
〔註14〕 吳功正，〈阿里山紀行〉，《人民日報》，1997.12.04，第 12 版。
〔註15〕 吳功正，〈阿里山紀行〉，《人民日報》，1997.12.04，第 12 版。
〔註16〕 吳功正，〈阿里山紀行〉，《人民日報》，1997.12.04，第 12 版。

與阿里山森林鐵路（以下文中簡稱為森林鐵路），有著密不可分的歷史，劉克襄〈石鼓盤〉一文中對其敘述著：

> 豐山到底有多偏遠，生活有多辛苦，從她一小段旅行故事裡，或能窺知一二。從豐山到平地的城市，最快的路線是搭乘阿里山火車下山。偏偏豐山是山區離火車站最遠的部落。若有必要下山，村人得一大早起床，越嶺到太和，再翻過光崙山，下抵奮起湖，搭乘中午十二點的火車。〔註17〕

在阿里山地域，當初日人的開發，就是奠基於森林鐵路開始的。為了進入山區伐木，森林鐵路的深入，引入了大量的工人進入了阿里山山區各處，為了進行工程而形成了聚落，豐山就是其一：「日據末期，為了躲避兵役，不少人充當腦丁，湧入石鼓盤開墾定居。」〔註18〕。無論是過去的林場開發，還是現今的觀光旅遊，沒有森林鐵路就不會促成阿里山的發展。

　　劉克襄在台灣各地遊歷、書寫，無獨有偶的，《迷路一天，在小鎮》、《少年綠皮書：我們的島嶼旅行》兩本散文集裡的篇章：〈阿里山的入口站〉、〈阿里山的愛戀〉，從森林鐵路的入口，一路上升，抵至阿里山森林遊樂區。兩本散文集的寫作時間點都不同，兩篇散文中的內容卻很偶然的連貫了在一起。森林鐵路如何引導出阿里山的地方書寫，一部份是社會架構的關係，阿里山森林鐵路獨步全球，是世界上少有的高山火車，地方的差異性是容易引起旅者的注意。但在空間移動中感到的差異變化，絕非僅要使得旅者在旅程中感到了空間變化即可。

　　差異性的產生，要使得旅者對於空間產生了意識，賦予了意義並對地方產生了感情，才會有差異性的出現，所以差異性不是在單純的空間移動中就產生，中間還需要人對空間開始有了識覺與思考。不僅僅只是搭火車上阿里山這種不同一般的生活經歷，森林鐵路之旅還承載了特殊的人文意義，最直接鮮明的，則是現今載人的運輸鐵路，在日治時是主要作為運輸原木之用，作為客運運輸是通車 6 年後，才在載運列車後方加掛客車進行運輸，對於早期歷史記憶所帶來的空間經驗，會使搭乘的旅者加深印象，特殊的符碼，更

〔註17〕劉克襄，〈石鼓盤〉，《大山下，遠離台三線：劉克襄的山際旅行》（台北市：皇冠，2004.02），頁127～128。

〔註18〕劉克襄，〈石鼓盤〉，《大山下，遠離台三線：劉克襄的山際旅行》（台北市：皇冠，2004.02），頁124。

進一步提升了地方上的特色。

　　森林鐵路在地方書寫中，作者在心中產生的呼喚，是基於社會性的架構（林場開發的建設），還是基於人文意義（空間經驗的符碼），其實兩者兼具。對於旅者來說，差異性是必要的，這是旅行的目的之一，可是對於旅行的期待，未必是造成地方書寫的主成因，地方書寫則具有更深遠的成因。

> 　　我正在遵循鐵道專家蘇旭昭的走法。每次他帶隊認識阿里山鐵路前，第一站都是先拜訪北門站火車修理廠，然後，再從北門新站上車，前往阿里山。
>
> 　　原來，北門修理廠仍停擺著不少早年阿里山觀光列車的舊車廂，以及火車頭。想要認識阿里山森林鐵道，這一站是不容錯過的。對我而言，這一站更是瞭解阿里山林業歷史的必經之地。許多當年承載檜木的列車仍然集聚在此，而且周遭有不少木材廠沿著鐵道旁設立。〔註19〕

　　〈阿里山的入口站〉中不斷提到北門站往昔的種種：「見證了台灣高山伐木歷史的第一章」〔註20〕、「一個日據時代東亞最大的集散地」〔註21〕、「到處殘留著七〇年代風味的鐵道村子」〔註22〕，對於現今大眾所知，森林鐵路的搭車起點在嘉義火車站，但在當初建造之時，森林鐵路並未與縱貫鐵路連接，從平地發車的首站，實際為北門站。因此在文末，到達嘉義火車站的劉克襄不由得說：「一如多數鐵道迷，我還是認定它是北門站延伸出來的接駁線。寬闊而安靜，曾經停放過許多檜木的北門，才能和阿里山遙相呼應。」〔註23〕距離在36公里外的阿里山氛圍，又是如何飄盪在北門車站中。

　　森林鐵路是阿里山伐木時期的命脈，當初開發森林鐵路的起因，是日本政府嘗試過人工運輸、開發道路皆不可行，最後採用了鐵路系統來運輸，可

〔註19〕劉克襄，〈阿里山的入口站〉，《迷路一天，在小鎮》（台北市：皇冠，2002.09），頁82。

〔註20〕劉克襄，〈阿里山的入口站〉，《迷路一天，在小鎮》（台北市：皇冠，2002.09），頁84。

〔註21〕劉克襄，〈阿里山的入口站〉，《迷路一天，在小鎮》（台北市：皇冠，2002.09），頁84。

〔註22〕劉克襄，〈阿里山的入口站〉，《迷路一天，在小鎮》（台北市：皇冠，2002.09），頁85。

〔註23〕劉克襄，〈阿里山的入口站〉，《迷路一天，在小鎮》（台北市：皇冠，2002.09），頁85。

說沒有森林鐵路就沒有阿里山林場的存在，因社會需求產生的建設下，阿里山的符碼就刻印於森林鐵路上，森林鐵路可代表爲阿里山則一點不爲過，因此從森林鐵路延伸出來的相關建設，尤其爲平地起點的北門站，還有它在伐木時期兼具的功能：檜木集散地，附近的鐵道宿舍，凡接觸過的旅者，阿里山的代名詞，就深刻的留在空間中，從在地的阿里山人（工作來往搭乘的生活經驗）到現今的旅客（旅遊介紹灌輸的歷史記憶），縱使旅者從嘉義火車站搭乘森林鐵路出發，可是嘉義火車站就不會被劃進森林鐵路的脈絡中，嘉義火車站只是無關緊要的一個點，在阿里山的脈絡裡，它不具有特別的意義。

> 先前，我不積極介紹火車上的鄒族人，讓妳們感受部落族群和鐵道
> 的關係。如今又阻止大學生和妳們交談，生怕有什麼不好。這是何
> 等中年老師的矛盾心情呢！如此拘禁在自己定義的世界，只在既定
> 的知識裡打轉，何需出來遠行呢？我深深自責著。〔註24〕

從〈阿里山的愛戀〉中，可以看出劉克襄在書寫這段文字時，是對於他所帶領的少年們感到歉疚，在搭乘森林鐵路時的過度保護，致使她們無法好好享受旅行，所書寫下的感性字句。而自責間接透露出旅行的目的之一就是尋求差異性，具有差異的空間，驅使旅者前往。字句的表面，僅是提到想對少年們做旅途介紹，「北門觀賞舊的檜木車站」〔註25〕、「從低地開始介紹阿里山的開發歷史與地方風物」〔註26〕、「這是鄒族人典型的臉相」〔註27〕，僅是簡單的字句與內含的名稱，深深的隱藏了阿里山百年開發的歷史情緣，先前已經提及的北門站外，鄒族人與阿里山的因緣非常緊密，畢竟阿里山是鄒族人的家園，從日本政府到國民政府，鄒族的生活領域都不斷的與其拉扯，因爲原始的自然資源開發，被迫在家園四處遷移，甚至「讀到了漢人吳鳳捨身取義的謬誤故事」〔註28〕。

〔註24〕劉克襄，〈阿里山的愛戀〉，《少年綠皮書：我們的島嶼旅行》（台北市：玉山社，2003.07），頁96。

〔註25〕劉克襄，〈阿里山的愛戀〉，《少年綠皮書：我們的島嶼旅行》（台北市：玉山社，2003.07），頁91。

〔註26〕劉克襄，〈阿里山的愛戀〉，《少年綠皮書：我們的島嶼旅行》（台北市：玉山社，2003.07），頁94。

〔註27〕劉克襄，〈阿里山的愛戀〉，《少年綠皮書：我們的島嶼旅行》（台北市：玉山社，2003.07），頁95。

〔註28〕劉克襄，〈阿里山的愛戀〉，《少年綠皮書：我們的島嶼旅行》（台北市：玉山社，2003.07），頁95。

　　吳鳳犧牲自我的故事讀來偉大，實際上卻是將鄒族污名化。社會形態的不同，認為原住民為未開化種族，社會制度下的優越心態致使吳鳳神話的出現，跟阿里山這片區域有了連結，現今台灣民眾雖不若以前存有的社會階級概念，平地人與鄒族人會有所區別，大眾都已了解這是捏造的神話，可是短時間內卻無法輕易消除，縱然這是屬於負面的，可也是阿里山至今除不去的地方特色。劉克襄因此「想到過往的歷史，我總充滿至深的愧疚。再看到這位部落老人，不免無端地生起敬意。」〔註 29〕雖然是錯誤的史實，可明顯看出地方經過社會建構的過程所產生的連結，無論好壞、對錯，賦予了一定程度的意義，生活經驗、歷史記憶等等的與地方連結產生人文地理。

　　蒂姆・克雷斯韋爾（Tim Cresswell，1965～）在《地方：記憶、想像與認同》中提到，關於社會建構論者的主張：

> 主張地方是社會的建構，就是說地方並非自然天成，而且如果人類力量塑造了地方，那麼同等重要就是人類力量也可以毀滅地方。……認為某物是社會的建構，就是說人類力量足以改變事物。那麼，社會建構了地方的什麼東西？有兩樣東西最為明顯：意義和物質性（materiality）。〔註 30〕

　　地方是人類活動下的社會建構而組成，森林鐵路表面來說是為了交通運輸，根據物質性來探究根源，阿里山百年開發史的歸咎僅是為了檜木而起，阿里山山脈的環境滋養出百年以上的珍貴木材，促使日人進入砍伐，到國民政府來到仍不斷的砍伐輸出，檜木砍伐後的使用率極高，不只作為建材還可以製造家具，不同於〈莊子・人間世〉中無用的櫟社樹，因無用而享其天年，而阿里山的樹木，用與無用，就是根據人類賦予的經濟價值來辨別的。另一方面，日人認為萬物皆有靈，崇敬生長多年巨木，並砍伐來修建神社，至今人們一樣對著神木懷著敬仰之心，阿里山百年的發展，實質上就是有著豐富檜木森林的關係，並以此換得現今的樣貌。

　　阿里山的地理環境，原始檜木林吸引日人開發、山區的陡峭導致森林鐵路的建造、獨特的自然景致促進了旅遊發展，都影響了社會建構的模式與細

〔註 29〕劉克襄，〈阿里山的愛戀〉，《少年綠皮書：我們的島嶼旅行》（台北市：玉山社，2003.07），頁 95。

〔註 30〕蒂姆・克雷斯韋爾（Tim Cresswell）〔著〕：王志弘、徐苔玲〔譯〕，《地方：記憶、想像與認同》（台北市：群學，2006.02），頁 51～52。

節，兩者是不斷相互影響的，地方絕不僅僅是依賴社會模式建構的。「若人類沒有先置身某處地方，根本無法建構任何事物——**地方是意義與社會建構的首要因素。地方最重要，因爲它是我們存在的經驗事實。**」〔註31〕

　　文學的書寫是比較接近於人文主義的，一方面是本質上的貼近，都是經由心理上的感觸出發對事物的闡釋，另一方面則有如社會建構論者對人本主義論者的質疑，對於地方的建構細節，人本主義較無法提供詳細的說明，地方書寫中不會對於地方的所有進行全面詳實的敘述，這不是不必要的，是無意義的舉動，因爲地方就存在於此，無論如何以社會意義去建構，也無法撼動作家對於地方的意識，也不會改變書寫想要闡述的心靈／地方特質。

　　〈阿里山的愛戀〉最後的一段中敘述到：

　　　　妳們反覆唱著這一首旋律古怪、疏離的歌曲。我不停地聽著，逐漸產生奇妙的好感。有人說那旋律充滿大氣，我寧可認定是一種脫俗的風格，跳離了既有的音感和律動。一首歌如此，一次旅行相信也是。

　　　　就不知道妳們又在聽什麼？但這一次旅行，才上了火車，就如此充滿挑戰，相信未來，勢必會有新的摸索。

　　　　火車已經進入檜木林，駛入高山的雲海裡。〔註32〕

原本陌生的景色，從平原到高山，一條森林鐵路的空間變化，卻可傳達了不同空間中的象徵，許多的象徵聚合起來，形成了阿里山的意象。少年們唱的歌曲與阿里山本是不協調，但漸漸在劉克襄心中慢慢的，轉化成一種意識，融入了地方。

　　旅行總帶著離散性，在對於異地的認同下，形成了聚合性，在這一散一合的過程中，將移動的空間串連了起來，自身生活經驗在旅程中將感受到的加以統整，對地方產生了連結，地方獨特性深深的吸引旅者，召喚了記憶中經驗，然後在移動中適得其所，這樣深刻的理解地方並與其有意識的連結，驅使旅者書寫地方。

〔註31〕蒂姆・克雷斯韋爾（Tim Cresswell）〔著〕：王志弘、徐苔玲〔譯〕，《地方：記憶、想像與認同》（台北市：群學，2006.02），頁55。
〔註32〕劉克襄，〈阿里山的愛戀〉，《少年綠皮書：我們的島嶼旅行》（台北市：玉山社，2003.07），頁98。

二、旅遊的景致：敘述中的地方

　　自然資源豐富的阿里山，擁有的不只有原始森林，更有多樣的花卉，在四季中綻開，吉野櫻就是阿里山森林遊樂區的特色之一，每年春季總吸引著大批人潮觀賞。劉克襄的〈阿里山花季掠影〉一文就以花季為主題，敘述阿里山在春季裡綻開花朵的盛景：

> 　　大家都集聚在沼平公園附近，一如各種蝴蝶之臨幸花叢。癡迷
> 如我者，更彷彿採蜜的蜜蜂，不小心飛入糖漿罐裡，流連後渾然忘
> 記飛出。最後，終被各種多樣溫煦、柔軟的色澤，排山倒海地淹沒，
> 快樂地醉死於甜蜜的漿汁裡頭。〔註33〕

本文的主軸如同篇名所示：「花季掠影」，在於介紹三、四月裡豐富多樣的花卉，由於阿里山的海拔落差大，地域橫跨了三個氣候帶〔註34〕，從阿里山最知名的櫻花種類開始介紹，有吉野櫻、千鳥櫻、大島櫻、八重櫻、台灣山櫻花，接著是玉山杜鵑、台灣一葉蘭、桃花、李花，最後是梅花。在介紹每種花時，劉克襄悠悠的字句，不只詳述了花況，還講述了那一種花生長在哪一區域，一開始的腳步在火車站附近兜轉，介紹著日本櫻花跟台灣山櫻花，原本從阿里山遊樂區裡的漫步，一下就往園區外晃了出去。

> 　　這品杜鵑，性喜中高海拔。花期到了，大鳴大放，豔麗地現身於次
> 生林或開墾地的半陰處。這時公園步道、神木車站、沼平車站前都
> 能邂逅。我最熟悉的是阿里山賓館旁，那株已有年歲。……除了眠
> 月線鐵道旁，終點的石猴遊憩區也是一葉蘭的大本營。〔註35〕

細數各種花類時，劉克襄巧妙的帶著讀者在阿里山周遭移動，每說到一種花，就立刻直指所在地，本篇文中，空間移動的細節，附屬於花朵介紹的字句之間，花的介紹為主體，地方只是陪襯。讀者閱讀中，不會受到這樣的文字干擾，藉著對空間的經驗，可以隨著空間的壓縮並快速的移動自己。

> 　　這季節賞花，不只是在森林遊樂區，也可駕車遊盪他處。……
> 當我們向達邦的鄒族部落前去，不久接觸一個安靜小村樂野，花朵
> 或許不多，但部落靜謐，襯映著的櫻花也顯得傲岸不俗。過了達邦，

〔註33〕劉克襄，〈阿里山花季掠影〉，《裡台灣》（台北市：玉山社，2013.06），頁 26。
〔註34〕可見第二章第一節中，「多元的生態」中的介紹，詳述了阿里山的高度如何形成豐富的生態物種。
〔註35〕劉克襄，〈阿里山花季掠影〉，《裡台灣》（台北市：玉山社，2013.06），頁 30
　　　～31。

> 有一個隱密池子，在山谷的森林裡。早年池邊都栽植櫻花，如今陰
> 森淒美，博得鬼湖之名。繼續往前，深入最南邊的里佳村。那兒則
> 是櫻花夾道，烘托著一場偏遠的熱鬧。〔註36〕

讀者隨著文字牽引，聚焦在劉克襄對一花一樹的詳細介紹，隨著字句推移，巧妙的從對花卉變成對地方的敘述，從森林遊樂區的沼平車站、眠月線，走出園區來到了石棹，又轉去了達邦附近各村落，沿著公路看著大塔山之時，最後來到了北緣的豐山，這是種空間經驗的轉化，對於阿里山地域清楚的讀者，很輕易的知道台 18 線公路的走向，又如何隨著縣道 169、149 甲線移動，在這移動當中，有實際行走過的經驗，又可以明確感受到不同海拔的變化，高高低低的移動，接收到因地域變化而變化的花卉生態，不止花卉，周遭空間的狀況都講的清清楚楚，除了沼平車站、眠月鐵道，又加以敘述了塔山、鬼湖、茶園等等的景象，都是具有地方特色的符碼，如塔山是鄒族信仰的依歸，而鬼湖的稱呼對漢人顯得神秘，對鄒族則是神聖的。

不熟悉地域環境的讀者，則會受到吸引，深度的去了解阿里山附近的交通狀況與地景，雖不比實際走踏的旅者，卻漸漸領略地方的特色性，僅是一場花卉的介紹，就附帶了一場值回票價的地景導遊，深入淺出的帶領讀者在阿里山附近走了一遭。

「每年冬末，瞧見社區中庭的山櫻花盛開時，我都會揣測阿里山山櫻花的綻放時日。大抵說來。我家的山櫻花花期總比二千公尺的山上快了一二星期。」〔註 37〕經由相同物種的引領，劉克襄可以在不同空間中得到一樣的訊息：社區的山櫻花開花，這樣的經驗，差異在於海拔不同造成的溫度不同，山上溫度較低而花期較晚來到，即是一種空間知識，在不同的環境中，平地與高山，可以預期到相同結果的發生。

生物性必然的結果，在空間移動中，還是有著相關性。在社區中的山櫻花體內的生物本能，使得劉克襄在異地知道阿里山花季即將開始，地方經驗就如此經由空間的移動，呈現了出來，在此可以知道空間移動除了連續變化的相對性外，還具有兩個異地空間的相關性，沒有直接的接觸，卻可以達到移動的結果。

基於地方書寫，作者對於地方感要有很高的敏銳度，不只是觀察力，地

〔註36〕劉克襄，〈阿里山花季掠影〉，《裡台灣》（台北市：玉山社，2013.06），頁 31。
〔註37〕劉克襄，〈阿里山花季掠影〉，《裡台灣》（台北市：玉山社，2013.06），頁 28。

方是複雜的，不只地理還有自然生態與人文。如果僅是分門別類的描述，文字就僅是如同科學敘述罷了，專門學科的敘述並非不詳盡，可是剝離人在於環境中的位置，科學主義的盛行會造成人對於各種事物的連結斷裂，科學主義的客觀繞過了人的主體，等於忽視了人的識覺，不講求經過主體感受的經驗，花卉、公路兩者拆解開單獨記錄、描寫，這樣的敘述，讀者閱讀中感到的是單一識覺，花卉是視覺、嗅覺，公路是視覺、觸覺，兩者是分開的，僅能接收到單一類別的資訊，而阿里山一詞就變成只是與其相關的名詞。

　　約翰‧厄里（John Urry，1946～2016）在《觀光客的凝視》一書中，提到：「欣賞自然風景或城鎮景觀，通常都帶有一種『主宰』的意味。」〔註 38〕厄里僅提出這是現代觀光中的一種特性，可從這段的敘述中，表達出旅者與觀光客〔註 39〕兩者的不同，內在表達出人文主義與科學主義的分野，觀光客單純的經過空間，無論看到是櫻花還是杜鵑，對其並無意識性的觀賞，只是感到是美麗的，沒有深入的涉入地方性，覺得此種花卉並非地方獨有，或是毫不在意生長在何處，以完全主觀／主宰的眼光觀看，過客則完全與地方是斷裂的。

　　各種櫻花是盛開在阿里山上的，台 18 公路是綿延在阿里山上的，爲何阿里山在觀光旅遊中何其出名，花卉的多樣與公路的多元爲其中特色，而地方感就是能將其一同揉合，經過人這一主體，敏銳的將地方多面向加以揉合，劉克襄這篇短文，深刻的將花卉與公路，連結著並書寫，忠實的呈現地方特色，才能引起更多共鳴與思念。

　　現代觀光對於地方造成的問題，厄里提出了以下解釋：

> 從前，我們要是說某個文化事物有氛圍，它一定是遺世獨立，有自己的原創性、獨一性和特異性；而且這種說法的背後往往有一套正式的有機統一體（organicunity）與藝術創作的論述！……
>
> 　「文化經濟」具有一種去差異化的特性。這種特性的展現方式之一就是文化客體與觀眾之間的差距消失，觀眾因而受到積極鼓勵

〔註 38〕約翰‧厄里（John Urry）〔著〕：葉浩〔譯〕，《觀光客的凝視》（台北市：書林，2007.11），頁 223。

〔註 39〕旅者、觀光客兩者，在中文原意中有相近的解釋，但筆者在此將其兩者意義分開，旅者指涉外來者，但具有相當的在地經驗，觀光客則指涉純粹的旅行玩樂者，幾乎不具有地方經驗，也毫無意願涉入地方。

去參與。⋯⋯商業與文化在後現代裡交織錯綜，密不可分〔註40〕。

現代的觀光將文化的差距拿掉，吸引過客來促進地方經濟，可是對於地方特色，產生了捨本逐末的情況，去差異化會逐漸消磨掉地方，地方性會喪失而致變爲單純的空間。現代無可避免的全球化的情況下，許多人對此感到了警覺，而旅遊性的地方書寫與觀光手冊、旅遊書籍主要不同之處，就在於對地方是有意識的涉入。以劉克襄爲例，他並非嘉義人，出生台中，現居台北，卻不斷在書寫著阿里山的種種，甚至比在地人還在地。經濟發展反映了社會架構的需求，地方是需要被建設的，在全球化下，人也反映了地方性的重要，因此深度旅遊紀行的散文書寫，是一種地方的本能反映，不淪入去差異化，但一樣吸引旅者佇足，並與地方互動，繼續深化地方。

第二節　故土的景色：原鄉與地方

地方書寫在台灣文學中，最多的主題則與鄉土文學相關，台灣文學史上在1970年發生過「鄉土文學論戰」〔註41〕，基於對於個人與地方的意識自覺，鄉土文學一詞引起當時文學界人士響應，可惜當時官方文藝陣營對此有所感冒，在官方壓力下，鄉土文學運動而告止步。

而這種向土地空間的「探詢」，是一種藉由文學產生的反思。米歇爾·克羅斯利（Michele L. Crossley，1969～，英國心理學家）對於探詢行爲的解釋爲：

> 「探詢」敘事的重點在於提供強而有力的證據，提醒我們每天
> 的生活常只是表面而已，應該還有一更深層、更有意義的生活方式。
> 像這樣的故事「使我們不會一成不變」（prevent us from always being

〔註40〕約翰·厄里（John Urry）〔著〕；葉浩〔譯〕，《觀光客的凝視》（台北市：書林，2007.11），頁139。

〔註41〕關於「鄉土文學論戰」的發生與時間界定，參照：戴華萱，《鄉土的回歸：六、七〇年代台灣文學走向》（臺南市：台灣文學館，2012.11），頁79～80。另可見於：呂正惠，《戰後台灣文學經驗》（台北市：新地文學，1995.07），頁3。一般都認定「鄉土文學論戰」是王拓在《仙人掌》上發表〈是「現實主義」文學，不是「鄉土文學」〉一文開始，因爲此文引起了官方文藝陣營的注意，彭歌在《聯合報》發表了〈不談人性，何有文學？〉對其的批判，大量的文章互相論戰，直到1978年1月的國軍文藝大會，官方發表了宣言，論戰至此才落幕。

the same），使我們能重新思考我們的生活、事件的優先順序和價值觀。Frank 的論點鼓勵我們正視疾病之「探詢」敘事，即是 Giddens 所謂「生活政治」的概念。「探詢」敘事中所蘊含的「反思」（reflexivity）概念，與後現代文化有關。〔註42〕

　　在現實空間中，生活看似一成不變，可是生活的細節在接觸的過程中，充滿了變數，生存的概念即是活下去，而如何活下去，有不同的手段與方式，過程不同但目的還是可以達到。生活空間其實就是按照人類生存的需求在改變，只是這樣的變化並非瞬間發生劇烈改變，生活的經驗乃至空間的經驗，都是根據人類需求慢慢的變化，土地乃是人從古至今的立足之地，為了需求，人類對土地進行改造，而土地回饋的不單單只是生命的需求，也提供了人的心靈滋養，而長久以來累積的空間經驗，在文學中，藉著對土地的「探詢」，了解表面的演變外，更重要是在於對內在的呼喚，瞭解心靈的依歸，這是為何在某特定地方中，會被定義成為在世中唯一的鄉土。

一、異地變故鄉：費爾‧車諾高夫斯基

　　紐西蘭人費爾‧車諾高夫斯基（Phil Tchernegovski），兒子魯本（Reuben）在 1998 年抵台旅遊，後來失去消息，為了找尋兒子，親自來台尋人，由於魯本失去行蹤前與家人聯絡要去山區健行，又根據全台匯報的線索，推測失蹤地點可能為阿里山山區、日月潭、太魯閣、雪山山區其一，而其中最有可能的失蹤地點為阿里山山區，因為有下榻的旅店記錄，有多人遇到魯本的目擊線索，魯本還有在車站向人詢問如何前往眠月線，因此在阿里山山區投入的搜索人員與資源最多。劉克襄在 1999 年初，在阿里山旅行調查時，遇見拿著牌子尋子的費爾，知道了費爾的故事，將其故事揭露出來。〔註43〕並促成了費爾將其尋子的風土見聞與際遇，撰寫成書出版，並經由何英傑幫忙出版了《眠月之山：一個紐西蘭父親的台灣尋子奇緣》一書。

　　「客氣有什麼用，勇氣才有用。」〔註44〕費爾的行動力驚人，由於兒子

〔註42〕Michele L. Crossley〔著〕：朱儀羚〔譯〕，《敘事心理與研究：自我、創傷與意義的建構》（嘉義市：濤石文化，2004.08），頁 302。

〔註43〕關於費爾的故事收錄於：劉克襄，〈隱逝於福爾摩沙山林〉，《十五顆小行星——探險、漂泊與自然的相遇》（台北市：遠流，2010.06），頁 13～25。

〔註44〕費爾‧車諾高夫斯基（Phil Tchernegovski）、何英傑，《眠月之山：一個紐西蘭父親的台灣尋子奇緣》（台北市：遠流，2015.01），頁 51。

魯本的失蹤，紐西蘭政府跨海請求台灣政府協助的行動緩慢，使得他親自前
來台灣，在台灣為了尋求幫助，甚至前往總統府想與李登輝總統當面陳情〔註
45〕，之後政府動員人力幫忙搜尋，因為搜索花費時間最多在阿里山，費爾待
在阿里山的時期最久，他在身上掛上了牌子，在熱門景點出現，期望有人提
供線索以利搜尋。旅客與在地人和善的幫助，在書中詳實的呈現：「石猴車站
的回憶更是難忘。很多人和我握手，遞名片給我，遞得滿手滿口袋都是名片。」
〔註 46〕費爾滿山奔走，只為尋子，報紙大肆報導，當時阿里山鄉的人沒有人
不認識他，旅客對於費爾在阿里山各處車站詢問的舉動，並沒有感到唐突，
甚至熱情的幫助他，並以各種話語祝福魯本早日被尋獲。當費爾在石猴火車
站時，對石猴這地景，心中感到迴響，認為兒子的心念與自己一樣，一定會
來此看這塊「沈思的猴子」，日本旅客並與費爾講述此地的歷史：

> 「你知道這裡的名字嗎？」一個穿著體面的日本人，在我身旁
> 瞭望。
> 「Monkey Rock。」我回答。
> 「那是地名，還有一個名字。」
> 「什麼名字？」
> 「眠月。就是這條鐵路的名字。」
> 「眠月？眠月？」我重複唸著，嘗試記住這個聲音。
> 「就是在月亮下睡覺的意思。」他說：「最早規劃這條鐵路的，
> 是個日本大學教授。他白天作調查，晚上躺在石頭上睡覺。看著月
> 出，看著天頂的千年老樹。」
> 我靜靜地聽。
> 「十幾年後，他重回這裡，可惜老樹都砍了。光禿禿的山，讓
> 他非常失望。為了紀念當年月下的回憶，他就把這裡叫做『眠月』。
> 很美的名字吧？」

〔註 45〕費爾·車諾高夫斯基（Phil Tchernegovski）、何英傑，《眠月之山：一個紐西蘭
父親的台灣尋子奇緣》（台北市：遠流，2015.01），頁 53。其中敘述：「聖誕
節當天早上十點，我到了總統府外面，堅定的，豁出去的。我把 Paul 和剛剛
認識的三位『扛著攝影機的新朋友』都請來。既然要請本地人幫我，為什麼
不來請求總統先生？他最有能力幫我。」
〔註 46〕費爾·車諾高夫斯基（Phil Tchernegovski）、何英傑，《眠月之山：一個紐西蘭
父親的台灣尋子奇緣》（台北市：遠流，2015.01），頁 104。

噢，我的心又痛了一下！

石頭，森林，月下沈睡。世上真有這樣的巧合？〔註47〕

費爾在紐西蘭時，從兒子小時候就愛帶著前往戶外，這樣的緣由吸引魯本來到阿里山，父親篤信兒子與自己一樣的心情，一定有來過石猴，雖然是異地的自然，生態、環境皆不相同，但「地方感」是相同的。空間是自由但也危險的，因爲開放的空間容許不同的事物，在於人類對其意識與連結。眠月對於費爾來說本只是一塊石頭，在對山林有意識下，認爲它是一隻沈思的猴子，在日本旅客的解說下，他了解到不只是一隻猴子，甚至使人沈睡，在森林中沈睡，在月下沈睡，從眠月的由來，費爾基於在紐西蘭對山林的經驗（實際上是一種空間認知能力），對遠在台灣阿里山上的眠月，可以掌握了一樣的意象，穿越時間，感受到數十年幾前的河合鈰太郎（かわい　したろう，1865〜1931，日本森林學家）博士的感慨與悲傷〔註48〕，雖然所經歷事件完全不相同，感受卻相同。

在進行搜尋之前，費爾曾到廟中祈福，他形容廟中的神像：「面相和藹，如耶穌一般的溫柔慈祥」〔註49〕，對於不同的信仰甚至如此解釋：「雖然不是我的信仰，也不知道我的神和這裡的神是不是一樣，但我願意這樣做，這樣相信，因爲他們在幫我。」〔註50〕對於異地，甚至是奪走親人的地方，費爾仍然抱著極大的樂觀與開放，相信這塊伸出手的土地，由於費爾有著自由、信任的念頭存在，在完全不同的地域下，可以接收阿里山空間給予的一切資訊，或許目的並非出於個人自願，但就與土地產生了連結，尤其與生活在阿里山的各種人發生的交流。

〔註47〕費爾・車諾高夫斯基（Phil Tchernegovski）、何英傑，《眠月之山：一個紐西蘭父親的台灣尋子奇緣》（台北市：遠流，2015.01），頁 92〜93。

〔註48〕蘇慧霜，〈森林詩語──阿里山詩歌裡的時空書寫〉，《彰化師大國文學誌》29 期（2014.12），頁 64〜65。可從篇章中看到河合鈰太郎博士的詩作落款：「明治三十九年，余始入石鼓盤溪，古木翁鬱，晝尚晴，入夜傍石泉而宿，少焉，月出水鳴，一境幽情，終夜不眠，名其地曰眠月，現時火車開通，樵屋櫛比，而山谷則濯濯矣，時大正八年七月十日記感。」表達出對山林被砍伐的感慨與悲傷。

〔註49〕費爾・車諾高夫斯基（Phil Tchernegovski）、何英傑，《眠月之山：一個紐西蘭父親的台灣尋子奇緣》（台北市：遠流，2015.01），頁 76。

〔註50〕費爾・車諾高夫斯基（Phil Tchernegovski）、何英傑，《眠月之山：一個紐西蘭父親的台灣尋子奇緣》（台北市：遠流，2015.01），頁 78。

　　　　後來的日子裡，我找不到魯本，卻認識了許多朋友，像是 Jacky、
　　　警犬隊的 Tsai、經營山莊的 Johnny、鄒族長老 Mo'o 和白紫。聽 Zhang
　　　的老奶奶說，這叫做「命」，叫做「緣」。……因為我捨不得這兒如
　　　雪的櫻花，捨不得這兒的人，捨不得和她說再見，捨不得她總是為
　　　我準備便當。我閉起眼睛，想把窗外風的感覺記住。或者，我是在
　　　那一個瞬間睡著了？〔註51〕

　　段義孚（Yi-Fu Tuan，1930～）指出：「地方是移動中的停頓」〔註52〕，
費爾尋子的過程中，台灣滯留期間，就屬阿里山是待最久的，這樣的停頓，
讓他得以接觸了很多人，並且大都是阿里山在地人，不只阿里山上的漢人，
還有阿里山裡的鄒族長老，費爾說魯本具有毛利人血統，毛利人與台灣原住
民同屬南島語系民族，因此也可能是吸引魯本來到此地的原因。讓費爾感到
溫暖的感覺，只是單單由於熱情的阿里山人嗎？段義孚對於地方給予人的親
切感是如此解釋：

　　　　人與人之間親切感並不要求知道彼此詳細的生活瑣事，親切感
　　　在真誠的警覺與交換的一剎那成長起來。每一次親切的交換必有一
　　　個供相關者分享品質的場合，這種地方像什麼？它是規避性和私人
　　　的場合。它可能深深刻劃在記憶的深處但又每次回憶都能產生強烈
　　　的滿足感，但它又是像相簿中的速照般有紀錄，亦不是像壁爐、椅子、
　　　床、聊天的客廳等可以識覺的一般符號。〔註53〕

　　地方的情境，將人與人之間的情感距離消除，給予交流的推動，地方是
停頓的，但凝聚了在土地上共同生活的人們共同意識，這樣的意識塑造了地
方，吸引外來者進入，或是讓外來者感受到相同的意識，進而認同地方並參
與其中，這是人類原生的感受能力，並非要相同文化與社會價值才能相通，
有相近的背景固然容易被吸引並加強認同，但人類對家的感覺是不變的，是
賴以生存的基本，是先天的生物本能，在成長後，培養成為空間知識，藉此
尋找安身立命的鄉土。因此費爾在拜訪鄒族長老 Mo'o 後，Mo'o 安慰他說：「把

〔註51〕費爾‧車諾高夫斯基（Phil Tchernegovski）、何英傑，《眠月之山：一個紐西蘭
　　　　父親的台灣尋子奇緣》（台北市：遠流，2015.01），頁 110。
〔註52〕段義孚（Yi-Fu Tuan）〔著〕；潘桂成〔譯〕，《經驗透視中的空間和地方》（台
　　　　北：國立編譯館，1998.03），頁 130。
〔註53〕段義孚（Yi-Fu Tuan）〔著〕；潘桂成〔譯〕，《經驗透視中的空間和地方》（台
　　　　北：國立編譯館，1998.03），頁 133。

這裡當作家，隨時過來。」費爾有感而發說出了：「我好像在家外面找到了家。」
〔註 54〕

二、錯置的故土：鈴木怜子

　　鈴木怜子（すずきれいこ），日治時期移民至台灣的日裔第二代，1935 年
於台北出生，在戰後被迫離開出生的故鄉，1947 年隨父母被遣返回日本。〔註
55〕她就是「灣生」，出生於台灣的日本人，父親抱著埋骨台灣的心態，在台灣
拼命的奮鬥多年，可是在戰後不得不被引揚回國，在引揚船駛進日本九州的
佐世保港前，同船上有人看見日本的陸地出現，興奮的大聲歡呼，她的父親
卻充滿著矛盾的說：「離開了『故鄉』，爲何歡呼…」〔註 56〕。

　　在多年後，鈴木怜子在 1982 年，戰敗歸國後的首次訪台，帶著兩個女兒
踏上故土。〈再訪臺灣及對阿里山的回憶〉〔註 57〕中敘述了當時所見，並觸動
了回憶中的阿里山：「在我十一歲時，爲了要和臺灣說再見，父親帶著母親和
我登上阿里山，藉以遙望『新高山』（玉山）。」〔註 58〕作者出生於台北，父
親爲何要特地南下嘉義，千里迢迢的上到祝山山頂，遙望新高山。

　　　　我在學校獲知新高山比日本的富士山高了一百八十六公尺。父
　　　親很喜歡登山，日本的槍岳、穗高、立山當然不用說，就是臺灣的
　　　大、小山，也都幾乎踏遍。雖說父親對山岳懷有特殊的情感，但在
　　　日本敗戰而情勢動亂之際，竟還有爬山的閒情逸志，顯見此舉爲父

〔註 54〕　費爾與 Mo'o 詳細的對話可見：費爾・車諾高夫斯基（Phil Tchernegovski）、
　　　　　何英傑，《眠月之山：一個紐西蘭父親的台灣尋子奇緣》（台北市：遠流，
　　　　　2015.01），頁 140～145。可以見到費爾對於 Mo'o 的形容：「他便像是紐西蘭
　　　　　老一輩那種具有 Mana（毛利文，個人威望）神態的毛利長者。」鄒族所居住
　　　　　的來吉，位於塔山之下，聖山的傳說又加強了費爾的心念：「愛與親情，生死
　　　　　怎麼阻隔？」鄒族的人與地，給予了費爾安慰與庇護。
〔註 55〕　鈴木怜子的生平參照：鈴木怜子〔著〕；邱慎〔譯〕，《南風如歌：一位日本阿
　　　　　嬤的臺灣鄉愁》（台北市：蔚藍文化，2014.09）。主要參照爲封面內頁的作者
　　　　　介紹。
〔註 56〕　鈴木怜子〔著〕；邱慎〔譯〕，《南風如歌：一位日本阿嬤的臺灣鄉愁》（台北
　　　　　市：蔚藍文化，2014.09），頁 70。
〔註 57〕　鈴木怜子〔著〕；邱慎〔譯〕，《南風如歌：一位日本阿嬤的臺灣鄉愁》（台北
　　　　　市：蔚藍文化，2014.09），頁 86～93。
〔註 58〕　鈴木怜子〔著〕；邱慎〔譯〕，《南風如歌：一位日本阿嬤的臺灣鄉愁》（台北
　　　　　市：蔚藍文化，2014.09），頁 88。

親對臺灣的深情告別。〔註59〕

這是日本人對於山的景仰，富士山被尊爲日本聖山，而在台灣納入日本
殖民當中，玉山經過測量發現比富士山還要高，日本天皇將玉山賜名爲「新
高山」，爾後更在其上設立「新高祠」，可見日本人對於山岳的崇敬，段義孚
認爲「神話空間是經驗知識空間的外框」〔註60〕，當時的知識已經很發達，
但新高山是台灣第一高峰，在人類的概念上，不是將其當成神話來依賴，而
是對其產生了「共鳴」〔註61〕，用以解釋自身在宇宙中的一種定位，這種用
空間來詮釋自身的方式，到現在仍然普遍存在於人類心中。鈴木怜子的父親
本認爲台灣是將埋骨的故鄉，自然將新高山認爲是故鄉的符號之一，對其有
所共鳴，戰敗後卻不得不離開，因此引揚前夕，帶著全家來到了阿里山，鄭
重的告別「故鄉」。

雖然〈再訪臺灣及對阿里山的回憶〉中，提到對於空間的場景，僅有阿
里山森林火車、祝山山頂、阿里山站，卻在這樣的空間中，以文學巧妙的將
記憶重構，並從不同的面向中，讓多種的聲音對話，又利用回憶對其批判。
鈴木怜子在童年並未意識到自己爲殖民中的統治階級，因此在全書文中，作
者沒有肆意的擁抱童年，「她非常謹慎意識著台灣人的殖民地集體記憶」〔註
62〕，可見在書寫時，鈴木怜子非常有意識的去斟酌記憶中的場景，並在字句
中陳述事實之外，又加入了對於空間省思。以她們在森林小火車中所遇到的
原住民，就深切的描寫出這樣謹慎的思緒：

最先有位坐在我們對面的原住民，非常客氣地靠近我們。接著
又來了幾位，他們使用流利的日語關切我們今後的生活，並邀請我
們去他們家住。那些原住民青年的部落（當時稱爲番社），來回需三

〔註59〕 鈴木怜子〔著〕；邱慎〔譯〕，《南風如歌：一位日本阿嬤的臺灣鄉愁》（台北
市：蔚藍文化，2014.09），頁89。

〔註60〕 段義孚（Yi-Fu Tuan）〔著〕；潘桂成〔譯〕，《經驗透視中的空間和地方》（台
北：國立編譯館，1998.03），頁79。

〔註61〕 段義孚（Yi-Fu Tuan）〔著〕；潘桂成〔譯〕，《經驗透視中的空間和地方》（台
北：國立編譯館，1998.03），頁90。「共鳴」一詞的含意，參照：「在中國的
宇宙規律上，屬於同一類的物質互相影響，其進行的方式不是機械式的因果
關係，而是『共鳴』。」因爲日本文化源流與中國相關，故認爲有相同的概念
存在兩國文化中。

〔註62〕 鈴木怜子〔著〕；邱慎〔譯〕，《南風如歌：一位日本阿嬤的臺灣鄉愁》（台北
市：蔚藍文化，2014.09），頁18。參見洪郁如的導讀〈灣生記憶如何閱讀：
我們準備好了嗎？〉。

天，由於無法配合父親的工作行程，我們只好和這輩子不可能再見到面的他們道別。父親的鼻子微微顫動，強忍著淚水；母親則是不停地踮腳，目送走進森林的青年們。〔註63〕

作者用旁觀者的角度，簡單敘述在小火車上遇到原住民青年的場景與經過，簡易的交代與父母親交談的過程，還有對於原住民熱情邀約的婉拒，在原住民下車之後，「父親的鼻子微微顫動，強忍著淚水；母親則是不停地踮腳，目送走進森林的青年們」，在作者形容父親是嚴格的形象下，這是很不尋常的舉動，其實這是有著緣由的：

> 父親之所以對原住民透露出非比尋常慚愧與憐憫，卻又憋住男兒淚，其實是有原因的，父親在戰爭時期擔任皇民奉公會，亦即日本「大正翼贊會」的幹部。該會屬政治團體，所以必須遵守國策，將原住民青年送往戰場，藉以獲得軍功。父親深信教育原住民接觸文明世界的殖民地政策，其意義非凡。不過，就如同日本國內，難以計數的原住民，也因而為日本犧牲。〔註64〕

鈴木怜子並沒有沈浸在童年的記憶之中，反而卻藉由父親的愧疚，提出身為一個殖民階級矛盾的心理，父親的矛盾，在多年後也成為她的矛盾，在敘述往事中，由事件代述了出來。鈴木怜子在文本中重構了記憶，以她認為的記憶，寫出了對於被殖民者的愧疚，雖然當時還不經事，也不明瞭故鄉記憶實際是殖民地記憶，但長大成人後，自我的反思，藉著文字，重新構築了想像中的地方，文章後面繼續回憶，關於聽聞過的原住民的形象，是如此的形容：

> 有著閃閃發光的一串物體，在草叢中順著道路往下移動。
>
> 那是住在深山裡的泰雅族長老們腰帶上的配刀，因中午大太陽的反射而閃閃發光。……他們全副武裝，保護日本人的決心，其真情令人動容。但換角度來解讀，全副武裝其用意可能是為了要強調自己是居住在山裡的部族，也是一種示威的表現。〔註65〕

〔註63〕鈴木怜子〔著〕；邱慎〔譯〕，《南風如歌：一位日本阿嬤的臺灣鄉愁》（台北市：蔚藍文化，2014.09），頁90。

〔註64〕鈴木怜子〔著〕；邱慎〔譯〕，《南風如歌：一位日本阿嬤的臺灣鄉愁》（台北市：蔚藍文化，2014.09），頁91。

〔註65〕鈴木怜子〔著〕；邱慎〔譯〕，《南風如歌：一位日本阿嬤的臺灣鄉愁》（台北市：蔚藍文化，2014.09），頁92。

鈴木怜子試著用不同角度解讀，除了重構的記憶表達了內心的矛盾，後續更反應出將想像與真實合一。對於父親愧疚的矛盾，並非抱以長久的虧欠去回憶著，對於故鄉的空間，嘗試著與其對話並和解。對於原住民全副武裝的震懾，不只是懼怕，還具有尊重其部族傳統的意味，這是意識到了自己身為殖民者，應歸還於原住民的原有的尊敬，不同種族間平等的尊敬。

最後提到，「據傳在深山的番社裡，真的就有因為當初受邀而一直居留下來的日本人」〔註 66〕，並敘述了與日本人關係良好的原住民，為了幫助罹患瘧疾的日本少年，對其父親誠懇的建議下，將日本少年留下於番社生活。結尾透露出了鈴木怜子想像著對著曾是故鄉的土地，希望得到諒解，並展開新的可能性，不再是國族主義下的統治，而是在故土中接納著多元的種族一同生活。

結尾雖提到了少年最後留了下來，卻沒提到少年是否康復，瘧疾是否就如此消失，帶著保留的故事，充滿了未知，可能少年最終逃不過瘧疾而死去了，可能康復並在台灣繼續生活著。無論結果如何，寫下這段傳聞的背後，表達的是鈴木怜子的期望，無論以何種形式，回歸於鄉土，並與土地和解，對於她，雖已不生活在這塊土地上，但還是不斷的再現與重構地方，藉著回憶與書寫。

三、祖先的聲音：劉武香梅

鄒族，由於自稱為 Tsou（人）而得名，部落的組成型態主要以大社（Hosa）為主，再分支成小社，各大社下有一座男子會所（kuba），做為宗教、政治、軍事活動等等的部落中心，由於有較完整的政治、社會體系，階級分工明確，鄒族被認為是一個較成熟的父系社會。〔註 67〕從「大社——男子會所」的型態看來，鄒族對於原鄉的概念是很明確的，人類生存的普世價值就是根植土地，段義孚指出：「人類團體幾乎皆趨向於把自己鄉土視作世界的中心。」〔註 68〕在鄉土文學上的書寫，漢人的文化關係，對土地的情感較內斂，在敘述中

〔註 66〕鈴木怜子〔著〕：邱慎〔譯〕，《南風如歌：一位日本阿嬤的臺灣鄉愁》（台北市：蔚藍文化，2014.09），頁 93。

〔註 67〕關於鄒族的部落狀況，主要參照：王嵩山，《阿里山鄒族的社會與宗教生活》（台北縣板橋市：稻鄉出版，1995.02），頁 4～13。

〔註 68〕段義孚（Yi-Fu Tuan）〔著〕：潘桂成〔譯〕，《經驗透視中的空間和地方》（台北：國立編譯館，1998.03），頁 143。

有較多的鋪成，台灣原住民在文化上，則保有人類對於土地的原始情感，較為開放，態度上對家屋／土地的熱情懷抱，表現在文章上有著直接、樸實的情感。

劉武香梅，鄒族人，出生於嘉義縣阿里山鄉樂野村，族名是白茲・牟固那那（Paiz・Makgnana），1942 年生。〔註69〕散文作品有：〈木屐〉、〈親愛的Ak'i，請您不要生氣〉、〈火焰裡的祖宗容顏〉，劉武香梅所寫的散文，都是小時候的回憶，她曾說：「現在主流社會那些文章的風格我也沒辦法寫，我只有寫小時候的記憶，才能突顯我和他們(主流文壇風格)不同。」〔註70〕

〈木屐〉是書寫在過年採購時，聽到木屐叩叩的清脆響聲，讓她回想起小時候與木屐有關的記憶。小時候剛過戰後，日本人失去了統治權，失去了對於殖民地的管理，與商業買賣的管制，布杜（pudu，鄒語，意指漢人）來到山裡的家，與父親協商，在附近搭起了工寮，砍了布杜樹（鄒語，油桐樹，意指漢人種的樹）來做木屐，並運下山去賣，她討厭這些布杜，因為樹砍了就不再有油桐花開滿山，就失去了她心中美麗的白浪。砍完了布杜樹，後來布杜又來與父親商量，把附近的桂竹也砍了，拿去加工木屐。第二年她才知道父親賣掉布杜樹跟桂竹是為了蓋新房子。劉武香梅其實是討厭木屐的，但是木屐卻讓她想起，在山裡的生活。

貫穿全文的木屐，在劉武香梅記憶中，並不喜歡，有時甚至寧可赤腳，但卻坦白說出：「而此刻在我腦海裡起漣漪的不是穿木屐的問題，而是製造木屐的回憶。」〔註71〕由於木屐是用她最喜歡的布杜樹做的，討厭卻無法忘懷，布杜樹的美麗白浪就是小時候甜美的記憶。因為居住山區，才被種下布杜樹，小孩子的記憶只是玩樂，而大人的想法不同，劉武香梅的父親就說：

> 「桂竹還會再長，原來的布杜樹園，年底把它整理，可以種植小米和
> 番薯，再兼種布杜樹，這種樹長得快，六、七年後，它又可以開花結
> 果了。」為了一家人的生活絞盡腦汁勤快的阿莫，原來也有他的計畫
> 啊。想想，等到六、七年後，我又可以見到我的白色波浪了。只要有

〔註69〕劉武香梅生平介紹參照：鄭雅雯，《聽見山海的聲音：原住民族作家速寫》（台南市：台灣文學館，2013.12），頁 70。

〔註70〕陳芷凡，〈白茲・牟固那那（武香梅）訪問稿〉，（來源：http://dore.tacp.gov.tw/dorefile//00/00/5a.pdf，2015.12.15）。

〔註71〕孫大川〔主編〕，《台灣原住民族漢語文學選集──散文卷（上）》（台北縣中和市：印刻，2003.04），頁 18。

的吃，有得玩，做一個小孩就可以單純地充滿著希望的。〔註72〕

油桐樹是具有多種經濟價值，除了木頭質地好，樹籽還可以提煉油料使用，土地孕育植物，人類將其作為資源來獲取生存，跟土地的連結是深厚的，這是現實的狀況，因此大地被稱為母親，對土地的命名，神聖化了地方，扭轉了土地一樣會給予天災禍害的另一面，感情美化了空間，就算再怎樣不喜歡木屐，但記憶中還會記得滿山頭的白浪，美極了。這是作者對於地方感受到的，這樣的空間才稱為故鄉，小時候的回憶有得吃、有得玩，符合人類對於家園的需求，雖然砍掉油桐樹沒有直接影響到生存問題，可是家園的變化（白浪的消失），反饋於環境變化，改變了生活，意識到停滯的空間不在，家園正在消失中，地方意識到傷害產生，而在回憶中做出了反抗。

布杜砍布杜樹，在劉武香梅直述下，這兩者名稱形成了一個有趣的對比，她喜歡布杜樹，可是討厭砍樹的布杜，樹當初卻是布杜引進種下的。文中在講述到對於漢人的反感：

> 他們就會挑到有火車的奮起湖，讓火車替他們運下山。在那時代，火車是對外唯一的交通工具，而奮起湖離我那個山谷中的家，像他們這樣習慣於山林工作的人，單程最快也要走兩個半小時以上，算來也是蠻辛苦的，但我不管他們的辛苦。誰叫他們偷走我心中美麗的白色波浪。〔註73〕

實際上小孩子很單純，並不是真得討厭這些布杜，而是無法接受白浪消失，敘述中流露對於工人辛苦的同情，只礙於是白浪消失的「始作俑者」，不得不對其討厭。但在家園的場域中，人人是平等的，在書寫中一樣把漢人當成人，體諒他們辛苦的工作，而父親一樣為了生存努力，歸於自然中，為了生存所有人的條件都一樣，並不分彼此。正如「捨棄了彎彎曲曲的日本大道，走自己覺得抄近方便的小山徑，族人的心靈也被釋放得有如天空一樣寬廣」〔註74〕。

〈親愛的 Ak'i，請您不要生氣〉則是敘述了劉武香梅尋訪與祭拜 Ak'i（祖父）中，對祖父心中的歉意、感念，全文不斷用「親愛的 Ak'i」為主體敘述，

〔註72〕孫大川〔主編〕，《台灣原住民族漢語文學選集──散文卷（上）》（台北縣中和市：印刻，2003.04），頁24。

〔註73〕孫大川〔主編〕，《台灣原住民族漢語文學選集──散文卷（上）》（台北縣中和市：印刻，2003.04），頁23。

〔註74〕孫大川〔主編〕，《台灣原住民族漢語文學選集──散文卷（上）》（台北縣中和市：印刻，2003.04），頁20。

從請祖父不要生氣中，到讓祖父感到高興，藉著敘事作為故事的推移，從家族的變化與時代的變化，說到晚輩追尋鄒族傳統而引起找尋祖父墓地的動機，流露出個人對於家族真摯的感情與反思。

其中敘述鄒族並無掃墓的傳統，是日本人提倡墓地埋葬，與漢人慎終追遠的觀念改變了鄒族人的習慣，但她不全然反對，如文中提到的：「您的子孫會學到布杜這種好的習俗來紀念祖先們」〔註75〕，劉武香梅開放的胸襟，正如空間的開放，或許帶著「自由被威脅的機會」〔註76〕，卻也開創了地方新的價值與意義，讓地方能夠在時間中流動，不置於停滯，使得地方穿越時空與人交流。文學具有跨越時空的特質，因此可以承載了地方性，劉武香梅就提到：

> 親愛的 Ak'i，您也知道我們都沒有可以記載事物的文字，為此，白茲我，常感嘆我們鄒那美好的文化，還有鄒的事事物物，無法讓我們做後代的清清楚楚地瞭解，並且把它原原本本地傳遞給下一代。
>
> 〔註77〕

孫大川對於原住民使用漢語書寫則說：「漢語的使用固然減損了族語表達的某些特殊美感，但它卻創造了原住民各族間乃至和漢族之間對話、溝通的共同語言。」〔註78〕文學不只作為感情的載體，也成為了地方的載體，雖然中間是經過人對於地方有意識的書寫才能達成，可是文學能夠清晰的記載了地方，雖然喪失了當下的美感，自然流暢的文字卻可以傳達對家鄉的滿足，使人們感到溫暖。

〈火焰裡的祖宗容顏〉則是書寫了劉武香梅參加了在烏來桶後溪舉行的北鄒同鄉會，在溪邊露營的同胞們，升起了篝火聚在一起，如同古禮一般守著火聊到半夜，在交談中喚起了山林中的記憶，與古老祖宗的容顏。

> 忽見老祖宗們以穩健的步伐，自玉山大步跨出，有的順著陳有

〔註75〕孫大川〔主編〕，《台灣原住民族漢語文學選集——散文卷（上）》（台北縣中和市：印刻，2003.04），頁27。

〔註76〕段義孚（Yi-Fu Tuan）〔著〕；潘桂成〔譯〕，《經驗透視中的空間和地方》（台北：國立編譯館，1998.03），頁49。

〔註77〕孫大川〔主編〕，《台灣原住民族漢語文學選集——散文卷（上）》（台北縣中和市：印刻，2003.04），頁27。

〔註78〕此段出至：孫大川，〈台灣原住民文學創世紀〉，收錄於：孫大川〔主編〕，《台灣原住民族漢語文學選集——散文卷（上）》（台北縣中和市：印刻，2003.04），頁13。

蘭溪後,在慢慢的散到濁水溪流域,有的下到長谷川溪,順著曾文
溪,展延至廣闊的嘉南平原,也有的下到楠梓仙溪,直到荖濃溪畔。
在山林,在平野,處處都可以見到我們披著皮肩,佩著直刀,帶著
弓箭追獵獸群,或撈魚蝦矯健的祖宗的身影。〔註79〕

　　從劉武香梅一開始至後期的作品,可以看出書寫地方的意識越來越濃
厚,對於空間描寫的筆觸越來越深入。〈木屐〉談到的是家園,形象是模糊卻
溫暖的,〈親愛的 Ak'i,請您不要生氣〉開始敘述了關於祖父的墓,從鄒族並
無墓碑的傳統進而詳述了墓地的周遭,納入了漢人的習俗,是有了追尋祖先
的強烈意識,最後〈火焰裡的祖宗容顏〉充分的使用了與鄒族相關的地域符
碼:玉山、塔山、陳有蘭溪、濁水溪流域、長谷川溪、曾文溪、楠梓仙溪、
荖濃溪、嘉南平原,在文章中呈現,這些是鄒族的活動區域,並是生活空間
的表徵,段義孚指出地標附著於鄉土,對於人與地方的連結是必然的:

　　　　鄉土有它的地標,它可能是可見度和公眾特徵很高的景觀,例
　　如紀念碑,聖地、神聖化的戰場或墳地。這些可見的符號或標記提
　　高人們的認同感,也鼓舞了對地方的警覺和忠貞。但對鄉土的強烈
　　附著感也可能以與神聖的原有概念以外的原因浮現,例如它可以在
　　對那次英勇戰爭的勝與敗毫無記憶之下產生,也可以在完全沒有恐
　　懼或優越情結之下產生。〔註80〕

　　這取決於對家園的定義,安全的處所是最基本的考量,地方上的生活就
算一成不變,但只要能提供安全的保障,人對於家園的概念就會形成,不一
定需要對它非有激揚的感情波動才行,但對故鄉的感情越強烈,則越加強了
與鄉土的連結,對於書寫者,地方感會更豐富,就更能呈現在地方書寫中。
因此,劉武香梅有意識的將桶後溪與塔山下的故鄉做了連結,藉了在火邊見
到的老祖宗影像,在意識中再造了空間,並反思自身的定位。

　　〈火焰裡的祖宗容顏〉比之前兩篇,少了點質樸的情感,描寫著重祖宗
／傳統的過往,反思鄒族在現代中的定位。劉武香梅的書寫中一直具有開放
式的空間,提及過去與現在,對傳統沒有過度緬懷。對於現代化也沒有大力

〔註79〕劉武香梅,〈火焰裡的祖宗容顏〉,(來源:http://aborigine.moc.gov.tw/laureate/
　　　　2004/5-3.asp,2015.12.15)。
〔註80〕段義孚(Yi-Fu Tuan)〔著〕;潘桂成〔譯〕,《經驗透視中的空間和地方》(台
　　　　北:國立編譯館,1998.03),頁152。

擁抱，抱著持平的態度，說出：「再怎樣依戀古老的鄒，年輕一代有年輕一代
所要努力面對的環境，而他們的成就一樣是鄒的光榮。」〔註81〕實在的對地
方反思，地方是孕育她的故土，基於愛，也希望故土再次放出光芒，延續下
去照顧下一代人，這樣的期望都呈現在書寫之中，如同段義孚所說：

> 地方的意象是藉著曾有識覺經驗的作者之意象轉化而來的，但透過
> 他們所表面呈現的藝術之光，我們有分享經驗氣味的特權，否則，
> 這些親切的經驗亦超過了回憶而褪色而消亡。這裏有一段值得思考
> 的語言：思想創造距離而破壞對直接經驗的深思，然而，透過思想
> 性的反映，過去的困惑難明的時刻便向我們的現在之真實接近，從
> 而獲得一個永久的量度。〔註82〕

　　劉武香梅文中少了點情感上的美感，卻對於美好記憶的困惑有了解釋。
對於自身，對土地的反思，從思考中更加開放了識覺經驗，在傳統與現代或
是意識形態衝突下，地方感的解放，有助於看清文化中的問題癥結，進而尋
求自由的空間，建立屬於自己的地方，而地方書寫促成了這樣的行動，並展
現了原住民對於家園的熱愛。

第三節　歷史與田野：報導文學

　　在論述報導文學文本前，必先界定何謂報導文學。筆者以須文蔚所列 4
點為界定原則：1.報導文學的任務是再現「田野」、2.回歸「實在的文學」的
報導傳統、3.報導文學體式的多元化、4.等待更多來自現場的聲音。〔註83〕以
上 4 點為著重於報導文學的本質，不讓過度的理論性去限制報導文學的書寫
空間。而書寫者對於地方真實與文學美感的中必須要拿捏平衡，就不能只藉
助文學素養與感情宣洩，「地方感」勢必相當的敏銳，才能正確的再現田野。

　　對於事件的距離，人與地方，值得去深思，放入文學中，講求閱讀的張
力上，就可以再三討論。純學術上，必然希望有完整的理論性質為背景，這

〔註81〕劉武香梅，〈火焰裡的祖宗容顏〉，（來源：http://aborigine.moc.gov.tw/laureate/
　　　　2004/5-3.asp，2015.12.15）。

〔註82〕段義孚（Yi-Fu Tuan）〔著〕；潘桂成〔譯〕，《經驗透視中的空間和地方》（台
　　　　北：國立編譯館，1998.03），頁 141。

〔註83〕須文蔚，〈再現台灣田野的共同記憶〉，收錄於：向陽、須文蔚〔主編〕，《報
　　　　導文學讀本》（台北市：二魚文化，2002.08），頁 6～40。

樣對於同一文類的討論能更完整不失焦，而基於田野（甚至是鄉土）發展出
的報導文學，使用的文類具有著多樣化。雖然較多報導文學書寫者選擇使用
散文書寫，但其餘文類也並非不適合，例如小說文類，只要文本內容具有報
導文學的精神，是可以納入報導文學的範疇中。

因此，須文蔚採用「鬆綁論」的態度去定義報導文學，則是肯定創作者
基於對地方的情感，開放空間自由性讓大家參與，並不限特定文學份子才能
創作，納入報導的精神，讓人人都能參與，這正符合了空間的開放性，擴大
了文學的應用性。只可惜報導文學爲顧及田調資料的部分，聚焦於過往，是
停滯的地方，創作者往往將想表達的意圖隱藏在文後，讓讀者自行思考，空
間的流動較少，感情的波動在文中是被壓抑的。

此節所選文章，筆者偏重於田野調查詳細的，以地方經驗深厚創作的作
品爲主。如此一來從文本中，更能深度的提取出，解析出報導文學是如何借
重地方的記憶，重新再現生活，並利用再現而致再建構，如何讓地方的符碼
幫助創作者表達隱含的意圖。

一、阿里山人的追憶：陳月霞

陳月霞從小在阿里山成長，其家族從日治時期開始，祖父母在爲了工作
來到阿里山，由於阿里山初期開發的空間環境，吸引許多外地人來此處工作。
又山區的偏遠，形成了一獨立空間，文化在此融合並成長，因此這樣的一群
人，她稱之阿里山人，並自詡阿里山人，認爲阿里山林場的歷史就是隨著阿
里山人的生活而建構出來的，因而欲爲阿里山人立傳。在此則以〈樹靈塔〉
與〈阿里山神木奇譚〉兩篇來討論。〔註84〕

〈樹靈塔〉一文，一開始以樹靈塔開始，後來轉折敘述了在林場伐木做
工的危險性，常常伴隨著死亡，「每一次，只要寧靜的山區有任何騷動，人們

〔註84〕 其實陳月霞在 2015 年出版《阿里山物語》，對於阿里山的書寫更是宏觀、詳
實，包含時代更久遠，爲何僅挑選《阿里山俱樂部》中的〈樹靈塔〉、〈阿
里山神木奇譚〉兩篇。陳玉霞在《阿里山物語》自序中寫到：「撰寫以父母親爲
主軸，貫穿阿里山地區自然與阿里山人拓墾史。以說書方式，穿插歷史事件
與俗民生計，串連百年阿里山與阿里山人的故事。」本論主要是以空間論述
爲主，而陳玉霞在自序中已說明是以史學觀點進行撰寫，又加以事件爲旁軸。
故筆者選擇貼近本論的兩篇短文，也認爲此兩篇爲《阿里山俱樂部》的短篇
中，書寫筆法較爲精鍊的散文，更能體現筆者的論述。

總是習慣地，翹首往四方亭凝視。」〔註85〕、「司空見慣的災難，使得哭喪變成我們遊戲一部份。」〔註86〕敘述中表達在當時，做工發生意外是不可預測，也是常見之事，小孩子對「死亡」感到習慣，最後敘述又轉回了樹靈塔。全篇很有意識的借用工人工傷意外的景況，與樹靈塔蓋子被竊的事件，交錯敘述，實則暗指人們砍伐樹林，樹林與人都是生靈，為其感到哀傷，而現今許久樹靈塔已經不再祭拜了，因為樹林已砍伐殆盡，那又有誰記得這些屠殺。

　　約翰‧厄里（John Urry，1946～2016）對於文物的隱含意義是如此論述：

> 對過去的保護往往隱藏著對現在的破壞，真實歷史（仍然繼續進行，
> 也因而危險）與文物（已經過去、死亡，所以安全）之間存在一個
> 絕對差異；簡言之，後者掩蓋了社會不公以及地方差異，隱藏著膚
> 淺的重商主義（commercialism）與消費主義，以致於有時候會對其
> 宣稱要保護的建築與文物造成破壞。〔註87〕

陳月霞在後記中提到：「日治時期樹靈塔前並無設置石砌走道，那是國府之後才砌上的。」〔註88〕雖然樹靈塔是日人所立，祭祀的習俗也因日人所起，但經過政權更替，意義性上產生了變質，就陳月霞在文中所述，認為戰後的祭拜已經變質了：「這種求平安的好兄弟超渡儀式，與日治時期的感恩之祭，截然不同。」〔註89〕基於這樣的轉變，固然可以解釋為人對於地方賦予的意義轉變，那轉變的過程、細節是如何？大衛‧哈維（David Harvey，1935～）說：

> 神話與記憶、道德、倫理和權利，對於想像社群與地方的情感
> 忠誠，這類難以捉摸的無形物，在政治鬥爭的動態裡作了許多事情，
> 造成深遠的客觀後果。在這個非物質領域裡展開的概念性政治戰
> 鬥，變得很關鍵。我實際上（或我能夠）最有效籲求的是哪一種神
> 話、記憶或情感忠誠？〔註90〕

如同樹靈塔隱喻著失去的樹林，這是直接的隱喻，但後面對於政權更替引發

〔註85〕陳月霞，《阿里山俱樂部》（台北市：玉山社，2010.03），頁31。
〔註86〕陳月霞，《阿里山俱樂部》（台北市：玉山社，2010.03），頁32。
〔註87〕約翰‧厄里（John Urry）〔著〕：葉浩〔譯〕，《觀光客的凝視》（台北市：書林，2007.11），頁175。
〔註88〕陳月霞，《阿里山俱樂部》（台北市：玉山社，2010.03），頁37。
〔註89〕陳月霞，《阿里山俱樂部》（台北市：玉山社，2010.03），頁36。
〔註90〕大衛‧哈維（David Harvey）〔著〕：王志弘、徐苔玲〔譯〕，《寰宇主義與自由地理》（台北市：群學，2014.02），頁221。

的思索，是藉著相關性連接起來。依哈維所提出的「第一向度」來解釋樹靈塔在文本中的定位，身爲文物有其本身的歷史與意義存在，這是無可取代的絕對性；藉著日人建立來祭祀，人與樹的相依關係爲相對性；作者最後對於國府的批判則是相關性，藉著樹靈塔，在文本中，隱含著如同樹木般無聲的抗議。

　　對於地方的批判，哈維提出這樣的反思：

> 地方感的保存或建立，是從記憶通往希望、從過去到未來的積極環節。我們不禁懷疑，這就是爲何有很多人將政治的可能性定位於真實地方的緣故。地方是集體記憶的位址，呈現了不同未來的展望。……因此，主導的權勢費盡力氣要控制、收編、敗壞、展演、挫敗和管理關鍵事件（例如 2001 年 9/11 恐怖攻擊）的記憶，將它們轉換成爲歷史敘事，並且在絕對空間中予以紀念。〔註91〕

文學對於地方的再構過程中，在現代社會中，不可諱言的，其中具有著經濟、政治的因素，地方的集體意識未必是純粹統一的，在建構家園的需求下，家屋的建立是必然，但家屋的形式與用料卻可能不盡相同，那如何改建百年家屋，不是馬上拆掉重建，而是對與其關連之處，與家人（地方主流意識）商量，慢慢的改建，並成爲主流。

　　同樣的，〈阿里山神木奇譚〉敘述阿里山神木的生命史，從被日本人發現到戰後，招雷劈失火、乾枯倒塌，國民政府對於山林的種種措施，是極其不當的。在失火後，林務局爲了保持「神木」的地位，「登到牠上方，釘木板塡土，栽植紅檜苗木十多株。形成有趣的高空造林奇景。」〔註92〕後來在於神木名稱之爭，「林務局以阿里山『神木』有迷信意味，決定改名爲『巨木』，各界爲之譁然，紛紛反應不妥。」〔註93〕最後死去的神木支撐不了自己了，終於半裂倒塌，最後的結局，卻不顧阿里山人的共識將其伐盡，原本欲留下樹根基座也全都清除。陳月霞透過述說神木的歷史，指責戰後國府的粗糙政策與不專業的作法，糟蹋神木，使得自日治以來，阿里山人的信仰破滅，就是如此的野蠻政府所爲。

〔註91〕大衛・哈維（David Harvey）〔著〕；王志弘、徐苔玲〔譯〕，《寰宇主義與自由地理》（台北市：群學，2014.02），頁 242～243。
〔註92〕陳月霞，《阿里山俱樂部》（台北市：玉山社，2010.03），頁 20。
〔註93〕陳月霞，《阿里山俱樂部》（台北市：玉山社，2010.03），頁 21。

　　本文引援了作者本身的記憶與田調資料，藉著眞實的報導，將國府的粗暴指了出來，顯示了對神木粗魯的對待，也是對於阿里山人粗魯的對待。可是在本文中值得思考的是，神木與地方的關係，對阿里山人來說，神木的價值，是寄予同情還是信仰依歸？文中提到「1906 年，當牠和眾多親族被發現，之後旋遭抄家滅族，牠雖倖存，卻目睹親族，慘不忍睹。」〔註 94〕阿里山林場的開發是由日本人而起，最初奉爲神木自始於日本人，文中並列資料說明是基於日本神道所開始祭祀神木，作者隱隱表示，阿里山人認同日本人對於山林的尊重，並延續這樣的「價值」觀到戰後，直至國府整個砍除了神木，也砍除了地方的價值，讓阿里山人「透過眼淚彷彿清晰可見其心靈深處烙印的傷痕」〔註 95〕，這是地方賦予神木的「價值」所在，信仰、理念等等，這種無形物質的賦予而致有形，就是「價值」的賦予。

　　而神木在倒塌前早已死去，半塌後的處理，阿里山人又希望留下樹根基座，作爲精神皈依，是阿里山人根植於與山林共存的精神。而矛盾的是，阿里山人也是參與林場開發的一份子，如同文中所述，將神木周邊伐盡的幫兇之一。文中敘述阿里山人的希望，是否正神聖化「神木逝去」這一事件，雖然針對國府的批評並不是毫無來由，卻不由得反思神聖化對象的誤解。在現今已經不需伐木的阿里山地區，又該如何轉化神木的「價值」。哈維就提出警告：「雖然動員『地方的力量』是政治行動的重要面向，但總是有將這個環節物神化的危險。」〔註 96〕報導的精神應該是客觀的，應小心落入了情感過度而偏頗的陷阱。

　　哈維就如此的批判：

　　　　問題是，「自在」（in itself）的社區意義在於身爲更廣闊政治的一部分，而「自爲」（for itself）的社區，幾乎總是會墮落成爲退化的排外與片斷化（有些人稱其爲空間形式的負面異質地方）。強調這個危險，並非提議所有以地方爲基礎的政治組織形式，都必然是反動的。〔註 97〕

〔註 94〕陳月霞，《阿里山俱樂部》（台北市：玉山社，2010.03），頁 20。
〔註 95〕陳月霞，《阿里山俱樂部》（台北市：玉山社，2010.03），頁 26。
〔註 96〕大衛‧哈維（David Harvey）〔著〕；王志弘、徐苔玲〔譯〕，《寰宇主義與自由地理》（台北市：群學，2014.02），頁 269。
〔註 97〕大衛‧哈維（David Harvey）〔著〕；王志弘、徐苔玲〔譯〕，《寰宇主義與自由地理》（台北市：群學，2014.02），頁 271。

空間是開放的，自由的空間勢必有著多種不同的意識存在，這兩篇文章都存在批評國府的意識，並緬懷過去，卻讓空間停滯，雖說地方是停滯的空間，可是在面臨全球化的扁平影響下，失去地方感將成爲無地方，應該說地方的構成是基於空間的停滯，但要讓地方有開闊的進步，就應該具有批判、反思的自由意識，讓空間再一次的進行流動，在一停一進的過程中，才能讓地方成長茁壯，而更有「地方感」。進一步，反思報導文學的立場，不應落入反動的迷思中。

二、文化的排他與剝削：官鴻志

〈不孝兒英伸〉是以眞實社會案件爲書寫主體，民國 75 年（1986 年）1 月 25 日，台北發生了震驚全國的慘案，三條人命死於來自於特富野的鄒族年輕人：湯英伸，死者爲湯英伸的雇主夫婦與其小女兒。事件的背後，當時社會環境對原住民並不友善，北上台北的湯英生受顧於彭喜衡，在翔翔洗衣店做洗衣工人，彭老闆卻不法扣押湯英生的身份證，並壓榨湯英伸讓其超時工作，又剝削薪資給於極低的日薪，最後在工作八日後不堪負荷，湯英伸跟彭老闆提出辭職時，在彭老闆辱罵下，牽動湯英伸長期所受的不平等，而種下了因果。隔日深夜中老闆將他從睡夢中硬拖而起，兩人起了爭執，最後使得湯英伸累積已久的憤怒與恐懼爆發，而將彭老闆夫婦與其小女兒殺死。

官鴻志〔註 98〕畢業於文化大學新聞所碩士，曾任《人間》雜誌記者，以其新聞專業針對湯英伸事件，做了詳細的資料調查。極其可貴的，在文本中，不止將此社會案件作了說明，更揉入了湯英伸與社會各界的聲音。文本後段，又使用了倒敘的方式，針對了湯英伸的背景做了詳細的調查，從湯英伸爲中心，延伸出了特富野、鄒族的地域介紹，更進一步揭示了漢人對於原住民的不友善。

> 那天下午，湯英伸向彭老闆要身份證。他想辭掉工作回家，彭
> 老闆的回答卻是——
>
> 「番仔！你只會破壞我的生意！」
>
> 「番仔」的辱稱，使他感到遭受重擊似的挫傷。〔註 99〕

〔註 98〕官鴻志個人簡介，可見：向陽、須文蔚〔主編〕，《報導文學讀本》（台北市：二魚文化，2002.08），頁 216。

〔註 99〕官鴻志，〈不孝兒英伸〉，收錄於：向陽、須文蔚〔主編〕，《報導文學讀本》（台北市：二魚文化，2002.08），頁 191。

在案件發生前，彭老闆的辱罵，引爆了湯英伸長久以來承受的壓力，這股壓力不單單是他個人所累積的，更是社會上對於原住民所有偏見與剝削的沉積，藉由湯英伸的軀體中爆發了。因此這次案件，社會輿論並不單純認為只是件兇殺案，何以一個師專的國家公費生，一夕間成為了冷血殺人兇手，引起大眾的關切。「這令人悲傷的社會新聞背後，是不是也有一個嚴肅的社會的困局呢？我們能不能為它找出一點沈痛的線索？」〔註100〕正是官鴻志撰文〈不孝兒英伸〉的出發點。從特富野下來的鄒族青年，就如同一般青年不經世事，並不因族別不同有所不同，卻已被貼上印記，屢屢遭受平地人的歧視，並且遭受不合理的工作剝削，湯英伸的處境，實際上是當時原住民們所遭受不公的縮影，並強烈的顯現出來。

在文本的後半段，官鴻志去了一趟特富野，調查了關於湯英伸的背景與過去。雖是以人為主軸的調查，文中卻仔細描寫著當地的景致：

> 崎嶇、彎曲的山路上，遠遠可以望見忽隱忽現的阿里山公路。雲霄裡，遠處的汽車，看來就像小小的火柴盒子，無聲地在阿里山公路上穿梭，盤旋著。五月的季節，山路上落了滿徑潔白的油桐花。走過特富野大橋，阿碧指著遠處，一座垂直、孤立的高嶺上，隱約地露出幾戶人家的屋頂和裊裊的炊煙。她說：「瞧，那就是我們的特富野。」〔註101〕

在田調的過程中，文本敘述中一再描寫山上的景致：「五月的梅雨季節才開始不久，梅樹的枝椏上，還沾著晶瑩的水珠」〔註102〕、「特富野這個山村座落在一個山谷底下，美麗的峻谷在村頭上邊，岔開成兩條支流，曲曲彎彎地淌著一條蜿蜒的流水」〔註103〕、「湯英伸的家，座落在那青翠的幽谷旁」〔註104〕，文中關於地方空間的書寫，正是呼應高一學生雅惠為了聲援的來信：「初次去

〔註100〕官鴻志，〈不孝兒英伸〉，收錄於：向陽、須文蔚〔主編〕，《報導文學讀本》（台北市：二魚文化，2002.08），頁181。
〔註101〕官鴻志，〈不孝兒英伸〉，收錄於：向陽、須文蔚〔主編〕，《報導文學讀本》（台北市：二魚文化，2002.08），頁195。
〔註102〕官鴻志，〈不孝兒英伸〉，收錄於：向陽、須文蔚〔主編〕，《報導文學讀本》（台北市：二魚文化，2002.08），頁198。
〔註103〕官鴻志，〈不孝兒英伸〉，收錄於：向陽、須文蔚〔主編〕，《報導文學讀本》（台北市：二魚文化，2002.08），頁200。
〔註104〕官鴻志，〈不孝兒英伸〉，收錄於：向陽、須文蔚〔主編〕，《報導文學讀本》（台北市：二魚文化，2002.08），頁204。

特富野，就深深愛上那個地方，相信您們也愛上了，可不是？」〔註105〕地方
是一個文化孕育之處，人類對於自然美好的愛好，必吸納入了文化氛圍之中，
原住民族就是如此，生活在台灣高山中，與其共依共存。漢族同樣崇敬山水，
從山水詩歌可見，而同樣接受山水薰陶的文化，怎會對其有著誤解與貶低。

　　在文本中，場景從特富野轉到了嘉義師專的校園，在特富野所知的，都
是湯英伸良善的一面，而在嘉義師專，看到湯英伸所受到的黑暗。湯英伸因
為受到誣陷記了大過，而不得不休學，同學們都知道湯英伸的為人，卻又因
「山地人」的社會觀感，對其冷漠。在兩種空間場域下，顯現出社會對於原
住民的兩種面向，在漢人主導的社會下，「山胞的衣服洗不乾淨」〔註106〕、「你
們山地人常常不洗澡」〔註107〕，甚至認為山地人就是手腳不乾淨，在校園眾
多事件中，原住民都經常聯想成為了「罪魁禍首」。湯英伸事件，法院判決死
刑定讞，並在隔年（1987年）執行。這次事件引起社會上廣泛的討論，促進
了原住民運動的被重視與快速推進。哈維在地方政治的小節中提到：

> 在這個社會鬥爭的汽鍋中，我們也必須加入一項充滿張力的事實，
> 即對於政治替選出路的大部分展望，不是奠基於一種有待建構的、
> 完美和諧地方的不同烏托邦願景，就是立足於某種版本的、以地方
> 為根據的社群主義理論與實踐，作為追尋美好生活的合宜適切解
> 答。〔註108〕

　　當非在地的強勢權力進入同一地方後，勢必造成排他性的出現，而忽視
在地的文化，形成文化霸凌。文化霸凌即是對於地方過於粗暴，而地方應該
是具有開放、自由的。不同文化產生的碰觸是必然的，但應該是兩者互相尊
重，並保持著張力。不可否認，不同文化表示了不同的權力核心，而兩種文
化以上的接觸，勢必產生鬥爭。而地方要能夠成為美好生活，在同一地方中
存有兩種以上文化，並不能只將一種文化意識保留，將其他文化意識以予消
滅，這是不合理的驅逐。湯英伸事件就顯示出社會當時的不合理，與鄒族人

〔註105〕官鴻志，〈不孝兒英伸〉，收錄於：向陽、須文蔚〔主編〕，《報導文學讀本》
　　　　（台北市：二魚文化，2002.08），頁211。

〔註106〕官鴻志，〈不孝兒英伸〉，收錄於：向陽、須文蔚〔主編〕，《報導文學讀本》
　　　　（台北市：二魚文化，2002.08），頁201。

〔註107〕官鴻志，〈不孝兒英伸〉，收錄於：向陽、須文蔚〔主編〕，《報導文學讀本》
　　　　（台北市：二魚文化，2002.08），頁202。

〔註108〕大衛‧哈維（David Harvey）〔著〕；王志弘、徐苔玲〔譯〕，《寰宇主義與自
　　　　由地理》（台北市：群學，2014.02），頁264。

的困境，在特富野仍可感受到社會的惡意。在家鄉或可給予鄒族孩子庇護，但他們心中仍有深深的自卑，如同文中敘述：「身爲一個山胞，湯英伸隱藏的自卑感，在不斷的壓抑中反彈、化裝而成外表的優越感了。」〔註109〕

「他是班上的核心人物！」

「他人很慷慨，所以自己口袋裡常常沒有錢。」

……

　　從同學的口中，讓你想見湯英伸是一位熱情、上進的青年，他常常說：「我要讓他們在亮麗處看見我，不要在黑暗中看見我！」有誰知道，他的遭遇會把這句話整個兒顛倒過來呢？〔註110〕

純眞的特富野少年，懷抱著正向的夢想，現實卻不如他的熱情一般，對其回應，讓其墜落了於黑暗之中。湯英伸無法讓人們在亮麗處看到了，但是在黑暗中的他，卻迸發出億度刺眼的閃光，刺醒了社會大眾，並讓同族的人們，解開了長久被誤解的歧視，照亮了特富野，吳鳳鄉得以更名爲阿里山鄉，激發了原住民自我意識，進而展開了自我揭示與求變的原民運動。

〔註109〕官鴻志，〈不孝兒英伸〉，收錄於：向陽、須文蔚〔主編〕，《報導文學讀本》（台北市：二魚文化，2002.08），頁204。

〔註110〕官鴻志，〈不孝兒英伸〉，收錄於：向陽、須文蔚〔主編〕，《報導文學讀本》（台北市：二魚文化，2002.08），頁209。

第四章　戰後台灣阿里山現代詩書寫

　　加斯東・巴舍拉（Gaston　Bachelard，1884～1962）以榮格的原型理論發想，認爲家屋是人類記憶中，最初的庇護所，因此在意識中形成了最早的空間原型。人普遍對空間最早的意識，都以家屋的概念成形，也是最早將其視爲身體延伸的場域，因此不難見到在地方書寫中，總是會提到家屋，這樣的概念延伸到地方上，人的地方感，實質上是一種家屋的延伸與擴大。在童年記憶中，會記得地方的某處，是時常玩耍的空地，或是胡鬧的店家，這種將某處視爲生命中重要的場所，就是將家屋中的房間，延伸或置換，並呈現在心靈中，就是家屋概念所呈現的意象之一。

　　以新詩書寫地方時，直接讓讀者感受到，不是隱喻，而是詩意象，是明確引導出地方的概念，自讀者心中召喚出純粹的情感，除了直接感知土地給予的記憶與感動，餘波會在心靈中產生迴盪，經原始情感的召喚後，感念而擴大，會再深層意識中產生了更多意象。新詩提供了一個觸動的源頭，因爲原初的詩意象，觸發了原始情感。

　　從家屋往外探究、搜尋，將家屋擴大，甚至往天空或是地底，阿里山神木的根植，正顯示了「在地釘根」。吳潛誠說：「本地詩人的鄉土認同充分顯示在樹木紮根泥土的意象中。」〔註1〕詩意象觸及新的變化，或深入意識中的深藏，雖然是單純的，但是在迴盪下，活絡的心靈張力，可以使得新詩中表現出更多美感變化，與地方感的凝聚、精鍊。

〔註1〕　鄭明娳〔主編〕，《當代臺灣政治文學論》（台北市：時報文化，1994.07），頁408。

此章將以《森林詩語 阿里山詩集》〔註2〕的分冊,「現代詩情」中的新詩
爲討論文本,主編蘇慧霜在序言中表示:

> 阿里山是台灣的聖地,透過詩人敏銳細膩的觀察,一花一草,一片
> 雲,一段路,所見、所感,無不隱含悲喜交織的無盡關懷,尤其珍
> 貴的是,詩人錦連先生最後的手稿寫阿里山,留在阿里山。我們將
> 這些幾被遺忘的昔日時光記憶,以詩歌的面貌呈現,爲阿里山鐫刻
> 詩的印記。〔註3〕

其中收錄了 34 位詩人的詩作,不同時代、風格的作品,補捉了阿里山山
區中各處的一瞬間,寫下了所見所聞與記憶感念,對於阿里山,這部詩集中,
詩人展現敏銳的地方感,一句一句的刻畫出了阿里山的地方意象。雖然書寫
阿里山的新詩並非只有這 34 首詩作,但由於收錄作品,皆與阿里山有著直接
相關性的作品,經過挑選的舊作或是特意邀請詩人的創作,與阿里山地方的
連結性很高,以其爲論述主題,更能凸顯了空間與詩作的連結性,因此本章
採用本詩集,以其爲主體進行研究。

在作品中,可見到每位詩人與地方產生的連結,藉著每首詩作中的欲呈
現的片段景色與意念,將其拼湊,呈現出過去、現在、未來的阿里山印象。
本章藉此解析,詩作如何展現空間中的詩意象,詩人如何藉著原始又豐富的
意象構築詩作,讓讀詩之人產生迴盪,在心靈中呈現出家屋(鄉土)的面貌,
人又如何將「在地釘根」於地方。

表 4-1　《森林詩語 阿里山詩集(現代詩情)》中所收詩作〔註4〕

作者	詩作名稱	作者	詩作名稱
高一生	〈春の佐保姬〉	曾貴海	〈三月的晚霞〉
林亨泰	〈阿里山神木〉	林明德	〈追逐阿里山傳說〉
鄧禹平	〈阿里山之歌〉	蕭蕭	〈凝神的珠露〉
余光中	〈阿里山讚〉	康原	〈樹靈〉

〔註2〕 蘇慧霜〔總編輯〕,《森林詩語 阿里山詩集(現代詩情)》(嘉義市:農委會林
　　　 務局嘉管處,2013.06)。
〔註3〕 蘇慧霜〔總編輯〕,《森林詩語 阿里山詩集(現代詩情)》(嘉義市:農委會林
　　　 務局嘉管處,2013.06),頁 11。
〔註4〕 蘇慧霜〔總編輯〕,《森林詩語 阿里山詩集(現代詩情)》(嘉義市:農委會林
　　　 務局嘉管處,2013.06),頁 2～3。將目錄整理成簡表。

錦連	〈上路——重遊阿里山〉	江自得	〈紅色小火車〉
向明	〈春遊阿里山〉	鄭烱明	〈巨木〉
張默	〈阿里山獨白〉	簡政珍	〈阿里山神木〉
鄭愁予	〈我是專情的阿里〉	白靈	〈高山青〉
趙天儀	〈阿里山日落〉	陳育虹	〈雲海，及其他〉
隱地	〈風雲舞山——六十年後再訪阿里山〉	陳義芝	〈尋訪鄒人——阿里山夜記夢〉
李魁賢	〈神木〉	渡也	〈嘉義速記——阿里山日出〉
岩上	〈阿里山日出〉	向陽	〈森林鐵路〉
朵思	〈發現——素描阿里山〉	焦桐	〈一葉蘭頌〉
林煥彰	〈塔山上的夕陽〉	劉克襄	〈阿里山小火車〉
席慕蓉	〈山月〉	路寒袖	〈日之出〉
陳填	〈時空的虛實〉	許悔之	〈日出說法〉
吳晟	〈樹靈塔——在阿里山上〉	隱匿	〈我還記得，阿里山〉

第一節　詩中的空間表象

　　筆者將《森林詩語 阿里山詩集（現代詩情）》的作品，以地方主題類型為主，依空間表徵做簡易的分類，經過歸納，分為三大類：1.人文、2.地方景致、3.森林生態，這僅是簡易的分類，一首詩中的地方意象絕對不是單純的僅有一個，在詩人書寫意識的跳躍中，常常會貫穿了多種不同的景、物。這邊的分類僅先是以詩作中的主題為主，精簡的來進行分類，方便後續的解析。

　　《森林詩語 阿里山詩集（現代詩情）》中收錄 34 位詩人共 34 首的作品，按照主題意象歸類三大類後，「地方景致」所佔的比例最高，共有 18 篇，再來是「人文」與「森林生態」這兩類，各有 8 篇。「地方景致」中所書寫的，必會寫到阿里山五奇，「人文」內所佔比例最高，則都是以鄒族文化為主體來書寫或寄情，「森林生態」部分，則清一色以書寫神木、森林為主，僅有一篇是以一葉蘭為題。以下則分別就三類主題來分析。

一、地方景致

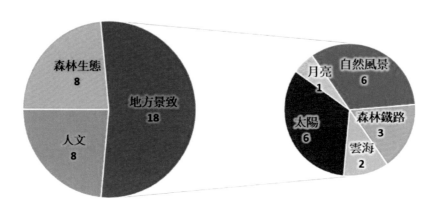

圖 4-1 「地方景致」中再細分後的分類

在「地方景致」中，從圖 4-1 可看出，主題為太陽的有 6 篇，自然風景 6
篇，森林鐵路 3 篇，雲海 2 篇，月亮 1 篇。以表 4-2 中所列，可以清楚的看出，
在地景中經常被提及的，日出則最多，其他詩作就算不是以日出、日落為題，
但絕大多數中也會提及關於太陽的意象，可見阿里山五奇中的日出，已經深
入群眾心理。

日出的意象普遍的與阿里山連結，不可否認的，與日治時提倡的旅遊活
動有關。從阿里山日出被選為台灣八景之一，到戰後的祝山觀日，都可明顯
的看出，日出與阿里山有密不可分的聯繫，日出已是阿里山的符碼之一。說
到令人稱奇的阿里山景色，就不能不說到雲海、彩霞、森林鐵路與百年森林。
阿里山五奇的景色敘述，總是會出現在詩作的敘述中，讓讀者一看，真切的
聯想到阿里山的林林總總。阿里山地景的詩意象，就是這麼明顯的讓人感受
到地方特色。

表 4-2 「地方景致」分類中的書寫主體

主體	作者與詩作	內容
太陽	岩上〈阿里山日出〉	山稜、紅球、玉山
太陽	林煥彰〈塔山上的夕陽〉	柳杉、紅檜、扁柏、鄒族、塔山、雲海、夕陽、玉山、日出

太陽	許悔之〈日出說法〉	玉山、雲海、一葉蘭、紅檜、日出
太陽	渡也〈嘉義速記──阿里山日出〉	日出、雲端
太陽	路寒袖〈日之出〉	山脊、日出
太陽	趙天儀〈阿里山日落〉	晚霞、落日、晚空
月亮	席慕蓉〈山月〉	月、山、林、春、芳草
自然風景	向明〈春遊阿里山〉	古木、旭日、雲海、花期
自然風景	朵思〈發現──素描阿里山〉	巨木、針葉木、鐵路、雲海、日出、晚霞、青楓、紅榨槭、神木
自然風景	余光中〈阿里山讚〉	春季、秋季、山雀、蜜蜂、櫻花、銀杏、青楓、神木、高山、太陽
自然風景	張默〈阿里山獨白〉	青空、蒼翠、沃野、四季
自然風景	蕭蕭〈凝神的珠露〉	石頭、雲、茶、櫻花
自然風景	隱地〈風雲舞山──六十年後再訪阿里山〉	日出、雲海、神木、櫻花
森林鐵路	向陽〈森林鐵路〉	北門驛、鐵道、二萬坪、山林、隧道、火車、獨立山、柳杉、山櫻、檜木、鄒族、林鴝、毛地黃
森林鐵路	江自得〈紅色小火車〉	小火車、白耳畫眉、太陽、鄒族、土地、日出、雲海、花瓣
森林鐵路	劉克襄〈阿里山小火車〉	小火車、鐵道、森林、山洞、黃鼠狼、檜木、日出、雲海、櫻花、茶園、鄒族
雲海	曾貴海〈三月的晚霞〉	落日、山、鄒族、鳥群、流雲、巨木、春花、一葉蘭、櫻花
雲海	陳育虹〈雲海，及其他〉	雲海、林鴝、雲豹、書帶蕨、澤蘭、軌道

　　地景在地方上通常是個明確的象徵，由於地理條件的不同，會造成特定景致形成地方特色，除了奇特的景色，人造建築在歷史、文化地位上的特殊，對於人與地方，有著特殊的意義，更容易使人產生連結，無論是先天或者是後天關係，當景致進入了詩人的心中，就開始產生了變化。

　　如阿里山的日出特色，除了因應伐木時期後轉型觀光而塑造之外，又由於地理位置優越，不只可觀賞位在玉山山脈旁的日出景象，還可遠眺中央山

脈。可看到日出在群山之中出現外，不同季節的日出位置都不盡相同，產生
了多變的日出景象。由於阿里山山脈的高度與地理位置得天獨厚，旅人可以
不必辛勞的深入群山中，就有壯觀的雲海可以觀賞。日出與雲海，就形成了
一個相輝映的景色，壯觀的雲海配合日出與日落，還有雄偉的群山，雖然比
不上登頂玉山所見到的：登玉山而小臺灣。但是對於一般民眾來說，阿里山
日出是非常容易親近的，因此在早期公路未開通，阿里山森林鐵路的載客有
承載管制下，火車票一票難求，就可見一斑了。

　　五奇中還有聞名世界的阿里山森林鐵路，因為要克服陡坡爬升，必須採
用特殊的工法來建設鐵路，而世界常用的登山鐵路工法 5 項中，阿里山森林
鐵路就具有其中 4 項，分別是「S 型路線、螺旋型路線、之字型折返路線、特
殊設計的登山火車」〔註5〕，特別的工法下，使得搭乘阿里山火車的人可以體
會到與一般火車不同的體驗，像是常聽到的「阿里山碰壁」，就是之字型折返
路線的關係，火車會到狹小的腹地因為無法轉彎，就以車頭、車尾互換的形
式，進行倒退行駛，好沿著陡坡地形繼續往前，提升海拔高度，而成為搭乘
阿里山火車時會遇到的獨特經驗。加上火車在山林環繞中行駛，是台灣一般
鐵路中，甚至世界上的鐵路中，也是極少數可以體驗到的乘車經驗。還有少
見的柴油機關車頭，帶著濃濃的林場氣息，獨特的移動經驗，這就是阿里山
特殊的地方景致。

　　由於鐵路旅遊的關係，在沿線相關景致，一併會吸納入旅遊的經驗中，
在詩作中，就可以見到北門驛、二萬坪、獨立山等等地名，在觀光中大力推
銷的阿里山中，都是常見的地名。但其實不提到這些地名，阿里山的文化意
象，就深深的刻在人們的心中，阿里山不只是一個地理上的旅遊地點與生態
獨特地區，更有關於人文的生活體驗，因此地景中賦予了獨特意象，才得以
入詩。

〔註 5〕 蘇昭旭，《阿里山森林鐵路傳奇：雲頂上的火車之戀》〔台北縣新店市：人人，
　　　　 2009.01〕，頁 20～23。「認識世界登山鐵路基本工法」中，將登山鐵的工法規
　　　　 類為 5 種，分別是：S 型路線、螺旋型路線、齒軌式登山鐵路、之字型折返
　　　　 路線、特殊設計的登山火車，阿里山森林鐵路就採用了其中 4 種來建設，唯
　　　　 一沒有應用的技術是齒軌式登山鐵路。

二、森林生態

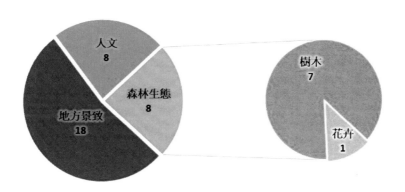

圖4-2　「森林生態」中再細分後的分類

　　不同於「地方景致」，「森林生態」8篇的主題中，樹木類別的篇數就佔了7篇，幾乎是以神木爲題，僅有1篇是以一葉蘭爲題。在詩作中可以看出，皆是以神木形象書寫，在不同詩人的意識中，卻產生了不同型態的意象，神木的生物性與歷史性，都被擷取出來，在詩作中給予了意象。

　　李亨泰〈阿里山神木〉：「神木已經存在母親的大地上，至今仍然存在，成爲我們永遠景仰的對象」〔註6〕，讓神木成爲了母土，李魁賢〈神木〉：「沈默靜觀／人間紛擾喧嘩」〔註7〕，神木成爲獨居的隱士，陳填〈時空的虛實〉：「幾千年後子孫們將可昂首瞻仰／挺拔偉岸的神木」〔註8〕，吳晟〈樹靈塔──在阿里山上〉也說：「繁衍二代木、三代木……蔚成周遭子嗣、依依環抱」〔註9〕，將神木歷史做爲邁向未來的指標，這一切都如同鄭烱明〈巨木〉：「向千年巨木學習生的謙卑」〔註10〕，神木的一切都值得我們學習，神木的形象，

〔註6〕　李亨泰，〈阿里山神木〉，收錄於蘇慧霜〔總編輯〕，《森林詩語　阿里山詩集（現代詩情）》（嘉義市：農委會林務局嘉管處，2013.06），頁20。

〔註7〕　李魁賢，〈神木〉，收錄於蘇慧霜〔總編輯〕，《森林詩語　阿里山詩集（現代詩情）》（嘉義市：農委會林務局嘉管處，2013.06），頁56。

〔註8〕　陳填，〈時空的虛實〉，收錄於蘇慧霜〔總編輯〕，《森林詩語　阿里山詩集（現代詩情）》（嘉義市：農委會林務局嘉管處，2013.06），頁76。

〔註9〕　吳晟〈樹靈塔──在阿里山上〉，收錄於蘇慧霜〔總編輯〕，《森林詩語　阿里山詩集（現代詩情）》（嘉義市：農委會林務局嘉管處，2013.06），頁81。

〔註10〕　鄭烱明，〈巨木〉，收錄於蘇慧霜〔總編輯〕，《森林詩語　阿里山詩集（現代詩

召喚出不同的詩意象，形成了複雜的情感系統。

簡政珍〈阿里山神木〉裡沒有寫進一句「神木」，裡面的字句讓人明確知道是在敘述神木，在廣爲人知的神木，其中的歷史經驗，間接轉化成人的生活經驗，讀者在這種經驗的感召下，在詩中重現了神木的意象，並轉化體會到詩中所說：「我想側臥如佛／更想身軀還諸虛空」〔註11〕。

表 4-3 「森林生態」分類中的書寫主體

作者與詩作	主體	內容
焦桐〈一葉蘭頌〉	花卉	一葉蘭、眠月線、櫻花、春、曙光、落石、隧道、迷霧、紫花
吳晟〈樹靈塔——在阿里山上〉	樹木	朝曦、晚霞、大地、山、樹、雲霧、雨露、紅檜、扁柏、斧鋸、樹靈塔
李魁賢〈神木〉	樹木	神木、土地、人間
林亨泰〈阿里山神木〉	樹木	神木、大地
康原〈樹靈〉	樹木	霧、風、神木、樹靈、慈雲寺
陳塡〈時空的虛實〉	樹木	檜木、神社、巨木、小火車、日出、道路、神木
鄭烱明〈巨木〉	樹木	神木、火車
簡政珍〈阿里山神木〉	樹木	神木、鐵軌、火

從表 4-3 可以看出，以「森林生態」爲主的詩作，內容會寫到檜木、扁柏、櫻花一類的植物，在意識聯想中，很自然的會從同類物種中衍生，焦桐〈一葉蘭頌〉：「山風帶我夢回眠月線」〔註12〕一語，連結到各種櫻花，跟眠月線崩壞的種種，鐵軌與巨石，又順著山風上升到到雲海，穿越迷霧，直至春天來臨，再次展現一葉蘭美麗的姿態。生長在大地上的植物，藉著土地生長，從母土延伸出來，不只生長，也充滿了危機，如同崩壞的眠月線，縱然危險卻還是前往尋找一葉蘭，但無論如何衪還是母土，是生命必經與必須，因此地方如何賦予了神木具有母土意象，必然是人意識到樹木千年的生長，是靠

情〉》（嘉義市：農委會林務局嘉管處，2013.06），頁 104。

〔註11〕 簡政珍，〈阿里山神木〉，收錄於蘇慧霜〔總編輯〕，《森林詩語 阿里山詩集（現代詩情）》（嘉義市：農委會林務局嘉管處，2013.06），頁 108。

〔註12〕 焦桐，〈一葉蘭頌〉，收錄於蘇慧霜〔總編輯〕，《森林詩語 阿里山詩集（現代詩情）》（嘉義市：農委會林務局嘉管處，2013.06），頁 132。

著大地的滋養與山的庇護，而在一同生活的經驗中，與山林共存的生活經驗，因此轉化爲生命經驗，識覺感知樹木的一切知識，寫入詩中的花草樹木，在閱讀時就變成開啓記憶的鑰匙，召喚了相通且純粹的意象出現，促使讀者的情感油然而生。

意象給予如同切身感受的經驗，引援段義孚（Yi-Fu Tuan，1930～）在〈地方的親切經驗〉中所說：「親切經驗是難以表達但非不可能表達。它可能是私人深深的感覺，但不必是唯我主義的偏離中心的。爐床、避難所、家或家的基地都是人類的親切經驗的地方。它們的激動和特殊都常成爲詩和散文的主題。」〔註13〕

神木做爲詩意象，在於它是阿里山地方中的「親切經驗」。人普遍有著與樹木相處過的生活經驗，樹木相對於人，是生活中共存的夥伴，尤其在都市中，樹木的缺乏，人對於自然會有趨向。一般人對阿里山的了解，可以很清楚的知道開發之初即爲林場，樹木在記憶中是親近的，不只是提供生活必須，如檜木、樟腦的砍伐、開採，還提供生存的環境，森林可以提供保護而躲避自然天災，而阿里山神木的神聖化，詩人凝鍊成純粹的意象後，寫入詩作時，親切感倍增，具有了更強烈的感觸。

詩中不乏詠物之題，詩人可以竭盡所能的使用華麗文句去鋪成詠歎之物，但單純強烈的意象，輕易的就召喚了人心中的意象而產生共鳴，大量鋪成的字句，雖是錦上添花，但詩句若無法使讀者從心中召喚意象出現，一切華麗文句也是白費。落花流水皆文章，可是無法與地方產生連結，單純詠物只是一個普遍的現象書寫，與地方毫無連結，產生與地方毫無情感的書寫，詩作也無地方感，就喪失了地方書寫的意義。

阿里山神木的歷史與文化，多元的意象，善於精煉的詩人，從中抽取，來述說詩人想表達的意圖，進而驅動了人對於土地的情感，人普遍都具有家屋的感觸，而土地上生長物延伸了母土的意象。植物都有根，詩作充滿了普遍的「在地釘根」意象，吳潛誠指出：「泥土不會只容許某種草木植根」〔註14〕，阿里山多元的生態系統，恰是呼應了多元群族在此地的生根。詩詞豐富了讀者的想像，觸動了鄉土的熱情或哀傷，詩作才具有了地方的意義性而存在著。

〔註13〕段義孚（Yi-Fu Tuan）〔著〕：潘桂成〔譯〕，《經驗透視中的空間和地方》（台北：國立編譯館，1998.03），頁140。
〔註14〕鄭明娳〔主編〕，《當代臺灣政治文學論》（台北市：時報文化，1994.07），頁411。

三、人文

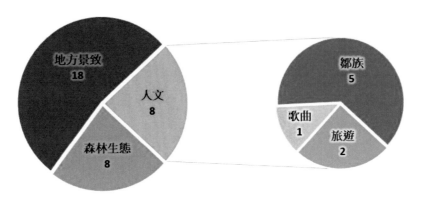

圖 4-3　「人文」中再細分後的分類

　　在「人文」的分類中，鄒族主題佔了 5 篇，旅遊佔了 2 篇，歌曲佔了 1 篇，歌曲這一篇則是白靈的〈高山青〉，藉著鄧禹平〈阿里山之歌〉的喻體，道出：「有誰能跟這首歌賽跑呢／全世界唱它的地方自動長出一座山」〔註 15〕，詩作藉著道說的能力，將耳熟能詳的〈阿里山之歌〉所具有的象徵：阿里山，具現化出來，在全世界傳唱中，訴說著每位知道這首歌的人，心中有著阿里山，有著台灣，使用已經成爲文化符碼的〈阿里山之歌〉，深刻的引發共鳴。

　　旅遊主題中所寫的，則是旅遊阿里山中的過程，有著上山的過程，也有著與人群看日出的過程。錦連〈上路──重遊阿里山〉中：「一生最燦爛的日子也是枉然？啊　爲何還是還是要趕路呢？滿街奔跑的人何其多呀／到頭來終局竟也是眞實」〔註 16〕，在路途如此問著，藉著追問，反覆提問、思考，使得自我陷入問題中，「珍惜剩餘的時光／在最後的莊嚴時刻來臨時／趕到所謂的『終焉之地』」〔註 17〕最後的答案好似不似答案，卻勉勵著自己，「我也一路上山吧」，路總有盡頭，終究會到達。

〔註 15〕白靈，〈高山青〉，收錄於蘇慧霜〔總編輯〕，《森林詩語 阿里山詩集（現代詩情）》（嘉義市：農委會林務局嘉管處，2013.06），頁 112。

〔註 16〕錦連，〈上路──重遊阿里山〉，收錄於蘇慧霜〔總編輯〕，《森林詩語 阿里山詩集（現代詩情）》（嘉義市：農委會林務局嘉管處，2013.06），頁 33。

〔註 17〕錦連，〈上路──重遊阿里山〉，收錄於蘇慧霜〔總編輯〕，《森林詩語 阿里山詩集（現代詩情）》（嘉義市：農委會林務局嘉管處，2013.06），頁 33。

　　同樣是書寫著旅遊的所見，隱匿〈我還記得，阿里山〉則是回憶觀看日出的路途：

　　　　我還記得，總是在一個寒冷的夜裡
　　　　我擠在外套與圍巾之間，被人群推動著
　　　　往某個方向前進

　　　　巨樹漆黑、蟲鳥沉睡
　　　　整座山寂靜的山間，唯一移動的事物
　　　　就是那一列，喧嘩的小火車

　　　　睡眼惺忪的人們呵出的氣息
　　　　讓窗玻璃上浮起一片，蒸騰的霧氣
　　　　而後則是早餐與等待
　　　　人群中傳來的，除了情話
　　　　也總有啼哭與爭吵

　　　　而後我還記得，那片遮住日出的彤雲
　　　　我記得從雲縫間漏下的光束
　　　　照亮了整片山谷，也照亮了
　　　　人群的嘆息

　　　　我還記得，那條沉睡於姊妹潭步道上的狗
　　　　我記得那尚未倒下的神木
　　　　尚未在火車上販售的奮起湖便當

　　　　我還記得，有一個夜晚
　　　　山間的月光颼颼行過群樹之間
　　　　點燃了一片雪白的幻境

　　　　而後我還記得，在一列異國的火車上
　　　　一位略通中文的老外，不斷地朗誦著：

「一二三，到台灣，台灣有個阿里山…」

所有關於阿里山的記憶
隨著這個單純的節奏，輕輕響起
漸行漸遠、慢慢靠近……〔註18〕

詩中以蒙太奇般的手法，不斷追憶，數句以「我記得」述說著記憶，「我擠在外套與圍巾之間，被人群推動著／往某個方向前進」，與趕著看日出的人們，山林黑夜中的寧靜與喧鬧的人生形成了對比，而在日出「照亮了整片山谷，也照亮了／人群的嘆息」，這樣獨特的空間經驗，拼湊著「漸行漸遠、慢慢靠近……」的回憶，藉著記憶中的人、事、物一再出現產生的意象，拼湊自我的存在。

簡政珍說：「讀者填補空隙使讀者類似一個創作者，雖然原有詩行沒有任何外表的改變。在這樣的理念下，詩行的趣味與『藝術層面』在於其中可能潛藏的空隙。但好詩作又能讓這些空隙纖細豐富而不是刻意為之。」〔註19〕段落意涵的不連貫，不只拼湊意象，各段的空隙，讓讀者有了參與，填補出了更多的藝術美感。最後則藉著回憶出現的空間場景，交錯勾畫著阿里山的符碼特徵，卻是較具體的景物形象，從記憶召喚出沈重的思緒，如此的忽遠又忽近，因為時間已經遠去，但思念又更靠近了，僅是因為空間經驗中的記憶使然，卻召喚出了更深切的情感。

表4-4 「人文」分類中的書寫主體

作者與詩作	主體	內容
錦連〈上路——重遊阿里山〉	旅遊	上山、趕路
隱匿〈我還記得，阿里山〉	旅遊	巨樹、鳥蟲、小火車、日出、彤雲、姊妹潭、奮起湖、月光
林明德〈追逐阿里山傳說〉	鄒族	秋天、庫巴、雲霧、日出、山、茶、鄒族
高一生〈春の佐保姬〉	鄒族	森林、春、高山

〔註18〕隱匿，〈我還記得，阿里山〉，收錄於蘇慧霜〔總編輯〕，《森林詩語 阿里山詩集（現代詩情）》（嘉義市：農委會林務局嘉管處，2013.06），頁149。
〔註19〕簡政珍，《台灣現代詩美學》（台北市：揚智文化，2004.07），頁172。

陳義芝〈尋訪鄒人——阿里山夜記夢〉	鄒族	鄒人、大塔山、鐵路、檜木、林鴝、楓葉、日出、特富野、達邦
鄭愁予〈我是專情的阿里〉	鄒族	櫻花、青鳥、春、櫻花、雲海、庫巴、森林
鄧禹平〈阿里山之歌〉	鄒族	姑娘、少年、山水
白靈〈高山青〉	歌曲	原鄉、陽光、小火車、花

　　以「鄒族」為主題的，除了高一生〈春の佐保姬〉是以個人為主體敘述外，其餘詩作都是以第三者的角度去敘述鄒族，想像著原民的精神和生活，表 4-4 中可見使用了許多關於鄒族的意象，像是庫巴（kuba，男子集會所）、大塔山，都是鄒族的文化信仰所在，或許藉由了鄒族的文化精神強調了阿里山的地方性，卻不由得有所疑問，不屬於同一個文化下表達出來的意象是否有所偏差，或者是有所誤用，無可否認詩人傳達的詩意象都是純粹的，但是否有所偏離了鄒族文化的意涵，是應當小心與避免的。可是這些詩作卻也表達出，漢人對於自然的趨向，希望如同鄒人一般，與自然一體，為何將鄒人歸為地方的一員，不只是鄒人生活於此，還有鄒族的文化貼近地方，以大塔山為神靈，以檜木森林為家園，生死都歸於此地，與其一同生活。

　　龔卓軍對於記憶的共鳴如此說明：

> 有了這種深切的感動之後，所謂的共鳴才會接著出現，在發生共鳴和情感的反響之中，我們的過去被喚醒，我們把自己過去的相關經驗和小說和詩歌意象所呈現的情境相對照，於是我們在精神上掌握到了某種意象的典型特質，在知性上發現到這些特質其實潛存在我們過去的許多生活經驗脈絡中。〔註20〕

人文事件的意象召喚，在詩人文字設想下，必定有其主題意義，而未必要過度深思其內容意涵，重點在於讀詩的當下，單純強烈的詩意象浮現，這才是詩人書寫下的意義所在，對於阿里山記憶每人各不相同，但是與隱匿一同進行回憶，對於阿里山思念的情感卻是不變的，只是在於讀者心中，靠近的是什麼，遠離的又是什麼，心中浮現細節會有不同，引起的情感波動是不變的，已經成功的達到詩人的意圖，引起在心中深藏的情感。

〔註20〕 龔卓軍，〈空間原型的閱讀現象學〉，收錄於加斯東‧巴舍拉（Gaston Bachelard）〔著〕；龔卓軍、王靜慧〔譯〕，《空間詩學》（台北市：張老師，2003.07），頁23。

第二節　地方的他者意象

巴舍拉針對的詩意象如此解釋：「詩意象既非驅力推動所致，亦非一段往事的回聲。其實正好相反：藉由某個詩意象的乍現，遙遠的過往才轟鳴回響起來，我們很知道，這些回聲會折射出什麼樣的深度，又將消逝於何方。」〔註21〕巴舍拉強調詩意象是純粹的感受，如同上節所提到，詩人有企圖的凝鍊字句，但最重要的在於能夠召喚出心靈深處的意象，它是記憶的迴響，感情的激盪，縱然詩人與讀者的感受結果不完全一樣，卻使得讀者確實的受到了詩意象的召喚。詩作的用意不在於複製完全一樣的體驗，只要能引導出主要的意象經驗，使得心靈觸動後，產生巨大的迴盪，就是最大的成功，因為巨大的迴盪，在不同的心靈中，產生了複雜的變化，衍生出豐富的美感，就是詩意象的真正企圖所在。

而詩意象只是如同上節分析，某事物即表示某含意，所有的物件都有固定的含意，而分析出空間的字句，就解析了詩的主體意象？絕對不是如此，對於了解地方上事物的象徵，事先開啟了與地方的連結，是在感受地方前的準備工作，才有助於快速的進入詩中，引起記憶與感受。巴舍拉說：「詩意象本質上即是多樣變異的（variationelle），它不像概念，由組合而構成（constitutive）。」〔註22〕

當然前提要能夠去細讀詩作，才能正確的去了解詩意象，如同巴舍拉說：「詩的讀者被要求不要以對象的方式看待意象，更不應視之為對象的替代品，而應掌握它特定的真實。在此真實中，創造意識的活動必須系統的聯結到此一意識中最電光火石的瞬間產物——詩的意象。」〔註23〕

巴舍拉就指出：「顯然家屋是一個再適合不過的存在」〔註24〕，地方即家屋，詩是一種私密性的抒發。而如上節所述，家屋的概念，在台灣文學中，對於土地的依賴與渴望，又可進一步的轉化為「在地釘根」的意象。施懿琳

〔註21〕加斯東・巴舍拉（Gaston Bachelard）〔著〕；龔卓軍、王靜慧〔譯〕，《空間詩學》（台北市：張老師，2003.07），頁35～36。

〔註22〕加斯東・巴舍拉（Gaston Bachelard）〔著〕；龔卓軍、王靜慧〔譯〕，《空間詩學》（台北市：張老師，2003.07），頁38。

〔註23〕加斯東・巴舍拉（Gaston Bachelard）〔著〕；龔卓軍、王靜慧〔譯〕，《空間詩學》（台北市：張老師，2003.07），頁38。

〔註24〕加斯東・巴舍拉（Gaston Bachelard）〔著〕；龔卓軍、王靜慧〔譯〕，《空間詩學》（台北市：張老師，2003.07），頁65。

評論吳晟詩作的文中如此敘述：

> 生命的存在，總是孤獨而被忽略的，總是沈默而堅韌的，像抓
> 緊大地的樹木，厚實的往下紮根，往上伸展，終於在歲月的累積下，
> 默默長成生機盎然的繁茂枝葉。六〇年代起步時所寫的詩作，雖不
> 免受到當時文藝思潮的影響，但，從本質上看來，這階段的某些作
> 品其實已經為吳晟未來詩的書寫取向，奠定了創作的基調。〔註25〕

　　藉由施懿琳對於「釘根」母題的敘述，與鄉土詩人基調的評論，則更可
以了解與確認，台灣詩作中的意象，延伸出來的家屋概念，更可能是以「釘
根」的形式存在著，但「家屋」並非等同「釘根」，這兩種意識可能是各自存
在著，概念源由卻都是相同的，從自體出發，向這個世界接觸，只是更貼近
自然一點，感受母土的溫度，往下紮根。

　　吳潛誠〈登峰造極：葉慈詩中的峇里鄺塔〉中曾提到一實例：

> 那就是葉慈如何持續不斷地在一些詩作中，將自己實際居住過的一
> 座古塔，連同其地理背景和內部構造——尤其是迴旋梯，發展成意
> 義十分繁複而且深遠的象徵；甚至連塔內塔外其他景物，諸如外面
> 的橋樑、溪流、樹木，內部的寢室、燈、石縫、雉堞等，也都經過
> 刻意挑選，以次要象徵呈現，並與主要象徵相互輝映。〔註26〕

而從此一例子，則可看出葉慈（William Butler Yeats，1865～1939，愛爾蘭詩
人）詩中，有意識的將家屋擴展為古塔；巴舍拉是以人類普遍的原型：家屋，
由自身尋求的安身立命之處發想，加以說明詩意象的原初。兩者的主體意義
與意識其實相同，只是用以象徵的表象不同，都是主體的延伸。巴舍拉所謂
的家屋是基本的原型，從自身主體發展，可以是古塔，也可以是樹木。重點
在於，人對於地方的認同意識，是否在此獲得生存與庇護。

　　筆者在此嘗試用著分層的概念，一層一層的分析阿里山地方與詩意象的
關係，如巴舍拉提出，家屋被想像為垂直的存有與集中的存有〔註27〕，求助

〔註25〕施懿琳，〈論吳晟詩的政治關懷〉，《跨語、漂泊、釘根——台灣新文學研究論
　　　　集》（高雄市：春暉，2000.06），頁204。

〔註26〕吳潛誠，〈登峰造極：葉慈詩中的峇里鄺塔〉，《航向愛爾蘭：葉慈與賽爾特想
　　　　像》（台北縣新店市：立緒文化，1999.04），頁162。

〔註27〕加斯東・巴舍拉（Gaston Bachelard）〔著〕：龔卓軍、王靜慧〔譯〕，《空間詩
　　　　學》（台北市：張老師，2003.07），頁80。巴舍拉認為要幫意象找出理路來，
　　　　必須考慮兩個主要相關議題：「第一，家屋被想像為一種垂直的存有（être
　　　　vertical）。它向上升起。它透過它的垂直縱深來精細區分自己，它求助於我們

於縱向意識與訴求中心軸的意識。詩的意象具有多種層次，表象往往不如想像，詩帶給讀者最大的禮物，就是豐富的想像，如何能更理解想像的深度，就有賴如何支解詩中的空間／意識。

巴舍拉說：「人類最特別的人性，乃是道說。」〔註28〕爲了證明自我的存在，詩人在詩作中寄予了意識，如同人對於地方寄予了意識一般，兩者都是意識的存有，都是人類有意識之物，就明白意識與地方是互相的產生變化。而在詩中，自我主體藏在其中，常對著各種事物述說著，藉此從對象中獲得自我的存有，述說的對象即爲他者，爲自我以外的主體，他者在空間中扮演著各種角色，經由主體與其的對話，獲得意象，詩中眾多的他者交錯中，構築出清新的詩意象。

簡政珍說：「某方面說，面對生活的苦澀，社會價值的不公，雖然詩人本身不一定是直接受害者，但能將自己放在『他者』的情境裡，這是詩人或是任何文學的書寫者最難能可貴的心境。」〔註29〕空間詩學中，空間與他者都是詩人的意識所在。而空間與他者的揭示，可使「可見」轉變成「不可見」，如何經由主體的敘述，對於他者的賦予，再現空間，詩作中常藉著他者的行動或型態，來展現空間的意象。巴舍拉說：「徵兆越微弱，越見其重要，因爲它暗指著一個源頭。」〔註30〕意象誕生於意識中，能察覺徵兆的是自我，他者則是詩中辯證的一種過程。因此詩中的實存，是他者在內心引起迴響後，藉著徵兆指出源頭，而自我就悠然的出現了。

一、他者——人物

阿里山中，最廣爲熟知的人物，就是阿里山的（鄒族）少年與姑娘〔註31〕，出自鄧禹平〈阿里山之歌〉：

的縱向意識；第二，家屋被想像爲一種集中的存有（être concentré），它訴求的是我們中心軸的意識。」

〔註28〕加斯東・巴舍拉（Gaston Bachelard）〔著〕；龔卓軍、王靜慧〔譯〕，《空間詩學》（台北市：張老師，2003.07），頁43。

〔註29〕簡政珍，《台灣現代詩美學》（台北市：揚智文化，2004.07），頁82。

〔註30〕加斯東・巴舍拉（Gaston Bachelard）〔著〕；龔卓軍、王靜慧〔譯〕，《空間詩學》（台北市：張老師，2003.07），頁268。

〔註31〕黃北朗爲鄧禹平詩集的代序中提到：「『高山青，澗水藍，阿里山的姑娘美如水呀……』這首在海內外流行了三十年的歌，很少有人不會唱，但作詞人卻已鮮有人知。」出自：鄧禹平，《我存在，因爲歌，因爲愛》（台北市：純文學出版社，1983.03），頁3。

高山青　澗水藍
阿里山的姑娘美如水呀！
阿里山的少年壯如山！
阿！……阿！……
阿里山的姑娘美如水呀！
阿里山的少年壯如山！

高山長青，澗水常藍
姑娘和那少年永不分呀！
碧水常圍著青山轉。〔註32〕

　　第一段開頭就形容鄒族姑娘美如水、少年壯如山，這樣的形容中，就召喚了人們心中一般對於高山的記憶印象：山勢高聳、綠水常流，在形容他者的過程中，間接召喚出了空間的形象，美如水與壯如山兩句重複，讓詩句在記憶中產生迴盪。第二段最後兩句：「姑娘和那少年永不分呀！碧水常圍著青山轉。」就藉著姑娘與少年永不相離，將碧水青山的形象融合為一，加強了記憶中的青山綠水，而姑娘與少年的青春活潑，成為意象帶入了空間，給予了阿里山山水強盛的生命力，讓單純的空間活絡了起來，讓空間不只有了美麗的風景，又更生動的注入生命力，讓人感受到了他者，並感受到了空間。

　　在〈阿里山之歌〉中，對於他者的敘述，僅僅靠著山與水兩者單純的形象敘述，就算沒去過阿里山，普遍的青山與綠水形象人人皆知，就可從記憶中召喚出豐富的感受與情感。在這關聯之中，重要的是在於相信自我的感受力與想像力，因此並不是完全的凝視他者，因為感受與想像都是要經由自我的處理，再召喚出地方的記憶，方可造成如此清新的詩意象，對於他者，就是藉此對自我審視，進而理解自己存在。

　　而他者其實就是自我，李魁賢〈神木〉：
因為孤獨
才自由自在
立定我的土地
堅持存在上千年

〔註32〕鄧禹平，〈阿里山之歌〉，收錄於蘇慧霜〔總編輯〕，《森林詩語 阿里山詩集（現代詩情）》（嘉義市：農委會林務局嘉管處，2013.06），頁 24。

　　沉默靜觀

　　人間紛擾喧嘩〔註33〕

神木守著土地的一切，自由自在的觀看「人間紛擾喧嘩」，表象讀來，顯示神
木千年的生長，在於祂的堅持，而獨立遺世，看來是種隱喻，可這種擬人化
的敘述，對於詩來說，本身即是主體，而是自己化身樹木。對於樹木的意識，
又轉變角度由樹木看了出去，去看著自身生長的土地，遠離塵囂靜靜看著世
間，引出自我與自然空間共存的概念，並藉著「千年」之語，土地的不變卻
可存在千年，帶出了時間的意象。解師昆樺曾析論李魁賢〈檳榔樹〉：「也正
式點出了自我根著的土地，便是自我的本土」〔註34〕，與〈神木〉類比，可
知李魁賢詩中，存在的釘根意識，不止出現在單一詩作中。他者到自我，自
我堅持立於土地上千年，孤獨沈默不改其志，展現了深植土地的意念與渴望，
普遍存在的價值觀，影響了對於詩意象構成的感覺。

　　高一生〈春の佐保姬〉：

　　　　是誰在森林的深處呼喚？

　　　　寂靜的黎明時候，

　　　　像銀色鈴鐺一樣

　　　　那華麗的聲音，呼喚著誰？

　　　　啊！佐保姬呀！

　　　　春之佐保姬呀。

　　　　是誰在森林的深處呼喚？

　　　　在寂寞的黃昏時候

　　　　像銀色鈴鐺一樣

　　　　華麗的聲音響過森林，

　　　　啊！佐保姬呀

　　　　春之佐保姬呀

〔註33〕李魁賢，〈神木〉，收錄於蘇慧霜〔總編輯〕，《森林詩語 阿里山詩集（現代詩
　　　　情）》（嘉義市：農委會林務局嘉管處，2013.06），頁 56。

〔註34〕解昆樺，《台灣現代詩典律與知識地層的推移：以創世紀、笠詩社為觀察核心》
　　　　（台北縣中和市：鷹漢文化，2004.07），頁 395。

　　高山的深處有人在呼喚，

　　在故鄉的森林遙遠的地方

　　用華麗的聲音在呼喚著

　　啊！佐保姬呀。

　　春之佐保姬呀〔註35〕

　　他者也可以是擬人的，也可以是空間意識的集合體。春之佐保姬在日語是春神的意思，而高一生的妻子名為春子，本詩意有所指的，是對著家人的思念，而藉著對春神呼喊，正透露出高一生自己的期望，期望著「高山的深處有人在呼喚／在故鄉的森林遙遠的地方／用華麗的聲音在呼喚著」，藉著對他者的話語，顯示自我的意識，雖然對春之佐保姬的呼喚殷殷期盼，而正是高一生本人自我的呼喚，配合故鄉森林的形象，生動的感受到了在森林響鈴，聲音在其中生動的傳播、流動，春意正如同鈴聲一般，而在森林中流動的意象，有如鄒人在山林奔跑一般，更是顯示出對於鄒族精神的緬懷，對家鄉的不捨。

　　詩中常常省略自我的稱呼，去敘述他人或者是景物，在這些敘述中往往是與自我對立，而不論是否為人物或景、物，當對象可以與自我對比，即形成了他者，他者可以與自我對立，也可以相融，在於詩中場域，他者的意象更彰顯了自我，在道說的過程中，讓自我的存有更加鮮明，反應出對他者（空間）的敘述。尤其在高一生的詩中，森林廣大的意象中，可以感受到對於自然的連結，長期在都市人的缺乏如此的連結，對地方的附著是膚淺的，因此在感受〈春の佐保姬〉的詩詞美感外，深刻的思索人與自然的連結，來想像自我應該在自然中處於怎樣的位置中。

二、他者——歷史記憶

　　在他者的敘述中，可以藉著空間與記憶的意象，呼喚流逝的時間，甚至有著錯亂交雜的顯現，如陳填〈時空的虛實〉：

　　一車車檜木運到日本去

　　斧鋸留下中空或分叉

　　不適合擔當神社棟梁的巨木群

〔註35〕高一生，〈春の佐保姬〉，收錄於蘇慧霜〔總編輯〕，《森林詩語 阿里山詩集（現代詩情）》（嘉義市：農委會林務局嘉管處，2013.06），頁16。

刻畫寶島歲月滄桑

一車車遊客從大陸來
競登課本中的阿里山
坐上高山小火車
照像機吸不進芬多精
聽不到兩岸分合的心跳聲
日出後拉長的身影
交錯著時空的虛實

八八水災重創後的道路
風雨仍不斷挑戰
我們新哉的新苗
已經亭亭玉立
幾千年後子孫將可昂首瞻仰
挺拔偉岸的神木〔註36〕

前兩段以鐵路爲中介，第一段敘述著檜木被運了出去，林場的歲月如同台灣
的歷史縮影，第二段變成旅客進來了，競登阿里山，卻拍不進芬多精與聽不
進兩岸的分合，敘述戰後國府的矛盾，兩段只是描寫簡單的畫面與狀況，而
歷史記憶活動了起來，將兩個時代帶了進來，情感的衝突也出現了，「日出後
拉長的身影／交錯著時空的虛實」，將兩段的時空意象交錯了起來，影子呼應
了虛實，正如現實與心靈，第三段藉著八八風災，以「風雨仍不斷挑戰」表
示未來前途雖不甚順利，但樹苗終將茁壯，「幾千年後子孫將可昂首瞻仰／挺
拔偉岸的神木」，指著縱然經歷時代的矛盾，「道路」終會恢復。陳塡以三個
事件交錯，勾引出對歷史的記憶，重構了想像，讓心靈凝鍊出了詩意象，在
這首詩中，三段爲三個事件，即是他者，各自形成了一主體敘事，過去、現
在、未來，從時間成爲了空間，交構了一條「道路」，而敘述這條道路的，其
實是自我對未來的期望，而他者投影了自我三種感覺，最後引動記憶轟然迴
響，回歸了主體詩意象之中。

〔註36〕陳塡，〈時空的虛實〉，收錄於蘇慧霜〔總編輯〕，《森林詩語 阿里山詩集（現
　　　代詩情）》（嘉義市：農委會林務局嘉管處，2013.06），頁76。

蕭蕭〈後現代環境裡「地方書寫」的堅持──以余光中的詩爲例〉中說
道：

> 地方書寫，不同於地理書寫，地理書寫偏重於風景的描繪、地景的
> 讚嘆，是遊客、觀光客的即興行爲；地方書寫卻是在地意識的融入，
> 當地文化的掌握，是一種認同者的態度，所謂「入境問禁」（非「入
> 境隨俗」）的虔誠。〔註37〕

蒂姆・克雷斯韋爾（Tim Cresswell，1965～）也說：「『我們的地方』遭受威脅，
就有必要將其他人排除在外。這裡，『地方』不單是指世間事物的特性，還是
我們選擇思考地方的方式的面向──我們決定強調什麼，決意貶抑什麼。」〔註
38〕在詩作中，同樣具有地方的藏私與排外，是地方書寫的詩作中無可避免的
母題之一，所以對於他者的述說，即是主體意識的呈現。

〈時空的虛實〉在形容他者中，第一段中檜木的不適合與第二段中照像
機吸不進芬多精，合理的敘述卻充滿了強烈的對反，看似文字使用上的衝突
與矛盾，實際卻是感情意識上的，敘述上的不合理，實質上是自我排外的意
識出現，對著殖民與霸權控訴。對於所生長的土地的想像，第三段就表示雖
然經過天災重創，道路毀了（道路是人爲的），「我們新哉的新苗／已經亭亭
玉立」（樹苗是自然的），若有似無的指出不合天理的作爲的終結，與自然，
與土地，一同邁步向前才顯現出正確的未來。

吳晟〈樹靈塔──阿里山上〉：

> 先有了朝曦、晚霞與豐饒大地
> 才有了群山萬樹
> 先有了雲霧、雨露與千萬年歲月
> 才有了薄皮紅檜、厚殼扁柏……
> 原始林，至善純美之境
>
> 上蒼的懷抱何等慈愛
> 阻擋不了掠奪的斧鋸
> 沿伐木林班道入侵

〔註37〕蕭蕭，《後現代新詩美學》（台北市：爾雅，2012.02），頁354。
〔註38〕蒂姆・克雷斯韋爾（Tim Cresswell）〔著〕；王志弘、徐苔玲〔譯〕，《地方：
　　　記憶、想像與認同》（台北：群學，2006.02），頁22。

　　　　橫過世紀的腰，狠狠切割
　　　　山林斷裂出巨大的傷口

　　　　殺戮之後，贖罪的樹靈塔
　　　　圓形台階如年輪、高聳塔身如樹幹
　　　　請安靜下來、肅穆佇立
　　　　傾聽萬千樹靈無言的痛

　　　　每一座殘留的樹頭
　　　　千年魂魄仍不捨離去
　　　　仍牢牢抓住土石
　　　　所有的痛，化做動人的生命力
　　　　繁衍二代木、三代木……
　　　　蔚成周遭子嗣、依依環抱〔註39〕

　　第一段的他者，是檜木、扁柏的原始森林，第二段的他者，是進入阿里山山區的日本人進行砍伐，第三段的他者，是爲了贖罪的鎮魂塔，第四段的他者，是殘留下來的樹頭仍然繁衍子嗣，詩中四段的意象正表示四階段的時間：上古、日治、現代、未來。熟知阿里山歷史者，都知道樹靈塔是日本人爲了砍伐大量原始森林後所建的，主要是基於萬物皆有靈的神道信仰，而建塔祭祀爲去除罪孽、免除災禍。吳晟在詩句中呈現的意象，「殺戮之後，贖罪的樹靈塔」，譴責著日本人的「殺戮」，而他者的敘述，呈現出來歷史的脈絡，阿里山林場的開發，從記憶中躍然而出，這段歷史記憶對於台灣人是再熟悉不過了，空間的特徵，爲他者帶來了時空的意象。

　　施懿琳〈論吳晟詩的政治關懷〉最後如此評價：「著根於大地的『釘根母題』書寫，已可以見其作品主要的導向。」〔註40〕指出同時具有農人身份的吳晟，對於土地的懷抱，與對於地方的深刻關注，施懿琳又說：「九○年以後，由於吳晟的政治參與度越高，對政治的本質，社會的惡化，觀察得更深刻而細

〔註39〕吳晟，〈樹靈塔——阿里山上〉，收錄於蘇慧霜〔總編輯〕，《森林詩語 阿里山詩集（現代詩情）》（嘉義市：農委會林務局嘉管處，2013.06），頁81。
〔註40〕施懿琳，〈論吳晟詩的政治關懷〉，《跨語、漂泊、釘根－台灣新文學研究論集》（高雄市：春暉，2000.06），頁235。

緻，遂使他作品的批判色彩較先前更為濃厚，關懷層面也更為開闊。」〔註41〕

第三段中，「請安靜下來、肅穆佇立／傾聽萬千樹靈無言的痛」，對於他者的譴責，顯現出自我的主體意識的藏私與排外，對於日本人的砍伐譴責，是否就忽略了戰後國府的砍伐。但詩作表現出來的詩意象，就從樹靈塔這一他者，道出了阿里山的歷史記憶，並對於歷史中的痛楚，森林的消逝，對於自我的鼓勵，指出未來終將「蔚成周遭子嗣、依依環抱」。

第三節　地方的移動意象

彼得・愛倫（Peter Adey，英國社會與文化地理學家）在《移動》一書的序言提到：

> 移動性是一種跟世界產生關聯、參與，並在分析上理解世界的方式。移動性不僅存在於斯（out there），好讓學者、學生和研究者從遠方加以檢視，它還存在於書本、期刊文章和報告的篇章上，以思想和想像的形式呈現。移動性是個觀念。移動性是概念；它是人構想出來的。〔註42〕

人基於身體認識並擴展於空間的概念出現後，開始探索未知的空間，除了對空間的知覺意識，移動的意義，顯得非常的重要。要如何覺察這個世界，心靈的思考與反思之外，就是靠著身體的感受，而物質的世界並非全然是不變的，自然環境就無時無刻的在變化，風在周遭流動，太陽在上方移動，溫度、濕氣隨之在變化，段義孚說：「地方的感覺記註在人的肌肉與骨骼上」〔註43〕。而要以身體感受世界的變化，身體必須移動，去觸碰環境，這是最原始的目的，也是最初確認自我存在的方式，藉身體感受的反饋，感受到自我，如同以他者確認自我。

彼得・愛倫以攀岩者為例：「山脈和攀登者的兩種流動，是以關係性的支點相互扶持。山脈提供裂隙來支撐攀登者移動，縫隙『夠寬而可容一個指節，

〔註41〕施懿琳，〈論吳晟詩的政治關懷〉，《跨語、漂泊、釘根－台灣新文學研究論集》（高雄市：春暉，2000.06），頁 235。

〔註42〕彼得・愛倫（Peter Adey）〔著〕；徐苔玲、王志宏〔譯〕，《移動》（新北市：群學，2013.09），頁 xviii。

〔註43〕段義孚（Yi-Fu Tuan）〔著〕；潘桂成〔譯〕，《經驗透視中的空間和地方》（台北：國立編譯館，1998.03），頁 177。

土壤夠硬而得以錨定』。」〔註44〕地方感建立在人對地方的連結，兩者不斷相互關聯，地方才有了意義，而不是純粹地理構成，地方的意義具有固著性，段義孚對於現代人就如此批評：「現代人的機動性太強而沒有時間去植根，所以對地方的經驗和賞識是膚淺的。」〔註45〕如此說來，必須固定在地方才能形成地方感？在原始社會中，移動有其重要意義，如游牧民族逐水草而居，游牧民族是否就是無地方，段義孚指出：「他們的地方感有兩個層面，即營地及其移動的較大領土」〔註46〕，重點在於「附著」，人對地方的想像與聯結，可以說世界在變化，人也與其變化，人追求生存中，也是意識到存有的開始。

感受空間的變化，除了自然世界的變動，就來自於身體的移動，在移動當中有意識的對空間變化有了感受，如同家屋的概念在移動中可成爲尋找自身的應許之地，正是「摘要式而熱烈的經驗有力使人拋棄過去思想上的疆繩」〔註47〕，這種心靈變化的複雜，根植於地方相互依存的複雜性外，而空間中更存在移動性的變化，這種變化衍生出了不同型態，有爲了生存的移動，如遊牧民族，有爲了貿易出現的路線，如絲路，有爲了旅行的漫遊，如背包客，都爲了不同的意義在地域上移動，在其豐富的覺識中，進而產生了「地方感」。

彼得‧愛倫說：「在空間中兩點之間的個別移動，形成了**路線**（route）或**線條**（line），然後是移動性所啓動、終止或成爲焦點的那些點，構成稱爲**節點**的東西。將這些關係視覺化的其他方式，則援用像是流水和河川這類物理隱喻。」〔註48〕節點在移動中是重要的，它決定了移動的方向，也決定了地方的意義。每個結點是一個地方，也可能是地方中的每一個景點，節點不一定在地方之外，現今交通的方便快速，地方的概念隨之擴大，移動性的意義進而更詳細的審視，節點就顯得非常重要，不只流水和河川，車站與交通工具，不只是節點，更可作爲移動的中介，都是值得審視的。

〔註44〕彼得‧愛倫（Peter Adey）〔著〕；徐苔玲、王志宏〔譯〕，《移動》（新北市：群學，2013.09），頁24～25。

〔註45〕段義孚（Yi-Fu Tuan）〔著〕；潘桂成〔譯〕，《經驗透視中的空間和地方》（台北：國立編譯館，1998.03），頁177。

〔註46〕段義孚（Yi-Fu Tuan）〔著〕；潘桂成〔譯〕，《經驗透視中的空間和地方》（台北：國立編譯館，1998.03），頁176。

〔註47〕段義孚（Yi-Fu Tuan）〔著〕；潘桂成〔譯〕，《經驗透視中的空間和地方》（台北：國立編譯館，1998.03），頁178。

〔註48〕彼得‧愛倫（Peter Adey）〔著〕；徐苔玲、王志宏〔譯〕，《移動》（新北市：群學，2013.09），頁66～67。

在詩作中，空間與移動有了更寬廣的視界，在心靈的意識下，移動不必須如同現實中的呈現，人與物的關聯，就可以產生移動的效應。意識是自由的，但如同路徑一般，經過節點的影響，進行了移動，只是此種移動就不同於現實，必須經過千辛萬苦、耗費時間，在經驗記憶的召喚中就可以達成，這種瞬間的移動，並非憑空想像，需要地方感的支持。不對地方產生意識的關聯，只是種無地方的純粹移動，不具有任何涵意，沒有移動性，也沒地方性。

以曾關注過「吳鳳的問題」的楊牧為例，散文：〈偉大的吳鳳〉〔註49〕、新詩：〈吳鳳頌詩代序〉〔註50〕與詩劇：《吳鳳》〔註51〕，在這三個作品中就呈現，以其意識移動穿越地域時空，以意識所關注之處，針對「吳鳳」進行書寫。楊牧《吳鳳》自序說：「『吳鳳』不是悲劇，是一首探討善惡層次的詩，但這詩裏沒有絕對的『壞人』——這詩目的在洗滌困惑和黑暗。」〔註52〕阿里山與吳鳳提供了楊牧一個節點，楊牧則藉此「移動」，但是，時／空卻不是目的地，卻成為了中介。

彼得・愛倫指出：「對巴舍拉而言，思考和想像都是旅行（journeys）。藝術創作使人得以撤離而逃逸到想像力中，即他所謂的旅行邀請（invitation to journey）。」〔註53〕因此在詩作中閃電般的意象出現，進行瞬間的移動，就不足為奇了，因為是基於人類的生活經驗，遊牧式的移動表面看似意義不大，但卻不止是為了生存移動，也是為了心靈移動。彼得・愛倫對於移動性如此解釋：「移動性被賦予的意義，可以有天壤之別的解讀。它們可以賦予更具威脅性的銘記。……即使移動性沒有先存的意義，某些地方、文化和社會可能為特定移動性賦予特定意義。這些意義甚至可能跨越了文化。」〔註54〕

而進行的文學創作，雖然意識的運作不如同現實，但卻具有相同的意義

〔註49〕楊牧，〈偉大的吳鳳〉，《柏克萊精神》（台北：洪範書局，初版 1977.02，九版 1990.08），頁 69～73。

〔註50〕楊牧，〈吳鳳頌詩代序〉，《北斗行》（台北：洪範書局，初版 1978.03，四版 1986.05），頁 175～181。

〔註51〕楊牧，《吳鳳》（台北：洪範書局，初版 1979.04，二版 1982.01），頁 175～181。

〔註52〕楊牧，《吳鳳》（台北：洪範書局，初版 1979.04，二版 1982.01），頁 4。

〔註53〕彼得・愛倫（Peter Adey）〔著〕：徐苔玲、王志宏〔譯〕，《移動》（新北市：群學，2013.09），頁 85。

〔註54〕彼得・愛倫（Peter Adey）〔著〕：徐苔玲、王志宏〔譯〕，《移動》（新北市：群學，2013.09），頁 50。

與目的。移動本是「不可見」，經心靈意識的作用，文學場域的應用，成爲「可見」的，如同人物、歷史等等；「可見」的卻又可能成爲「不可見」的，如同時間、記憶等等。詩作則強烈反映了這些特性，以下則就此分析在阿里山中的移動，如何構成移動性，又如何產生詩意象。

一、移動——空間

林明德〈追逐阿里山傳說〉：

那年秋天，我們爲追逐那則美麗的傳說
一路蜿蜒，驚心動魄隨時攀升
進入大千潑墨世界，默默相對
是千巖競秀

跡近庫巴，聆聽
楓葉子民的心事
忽然一曲〈禾滅雅雅〉，聲聲
入耳，宛如天籟

這是一座秘境，雲霧繚繞
我們在暗夜的邊緣凝神守候
日出，點亮一山
無聲的驚嘆

思索，是我們下山的路
穿過午後雲層，茶甜芇荷蘭豆
送你以迤邐的心情，我許下願
親近鄒族解讀阿里山神奇符碼 〔註55〕

第一段是以「追逐那則美麗的傳說」開始，很明確的表達出從平地到達阿里山的情景，雖然僅以「驚心動魄隨時攀升」到「千巖競秀」，卻可以感受到阿里山山路的蜿蜒多變，第二段「跡近庫巴」則知道到了富特野，「忽然一

〔註55〕 林明德，〈追逐阿里山傳說〉，收錄於蘇慧霜〔總編輯〕，《森林詩語 阿里山詩集（現代詩情）》（嘉義市：農委會林務局嘉管處，2013.06），頁 88～89。

曲〈禾滅雅雅〉道出此處是鄒族傳統領域，第三段「日出，點亮一山／無聲的驚嘆」，阿里山的日出則是在祝山平台觀賞，此時太陽出現驚艷四方，最後第四段點出下山，「穿過午後雲層，茶甜荷蘭豆」，表示公路下降到海拔 1000 多公尺後，「茶甜荷蘭豆」則表示來到了石棹一帶，那邊滿是茶園。用簡單的地方景物，就可以體會到一個移動的順序，而在追逐的過程中，雲霧、太陽的出現，也表示了時間的流逝，空間的變化也可表示時間的變化。移動的目的，爲了追逐傳說，藉著字句進行了一場落差 2000 公尺的移動，移動有其目的性，詩作中的移動，就是爲了構築詩意象，這一連串的移動，就爲了構築最後一句中的「阿里山神奇符碼」。

移動中所經過，阿里山公路、山景、富特野、日出、雲層，都巧妙的召喚了地方記憶的種種，意識是電光石火的，但首先要對於詩中的「符碼」有所理解。這場移動可以說是詩人精心的規劃，可是讀者若無法意會「符碼」呈現的移動意象（或說空間轉換），即地方感的不存在，形成了無地方，這場移動就毫無意義；但讀者意識到了阿里山的種種，移動就被賦予了意義，移動與空間景物的交錯就構築出了「神奇符碼」。

二、移動──中介

劉克襄〈阿里山小火車〉：

小火車沿著鐵道迴轉
自如地蜿蜿蜒蜒
忽忽繞進森林又穿過山洞
隱隱約約，又冒了出來

彷彿黃鼠狼在自己的家園
聞到的都是熟悉的味道
彷彿上輩子就棲息於此
跟檜木一樣蓊鬱的年紀

小火車如是奔跑著，跟歷史競賽
亢奮的車廂一節拉著一節
大力喘息地停靠每個小站

好讓旅人熱鬧地上上下下

離開時，那車廂又滿載日出和雲海
滿載櫻花、茶園，以及鄒族的神話
繼續接近各個海拔的森林
展開親密的絮語〔註56〕

藉著小火車在森林中行駛，「彷彿上輩子就棲息於此／跟檜木一樣蓊鬱的年紀」，小火車載運著旅人外，還「跟歷史競賽」，除了將小火車擬人化外，並藉著小火車的特性：交通運輸，讓它承載著無形之物：「離開時，那車廂又滿載日出和雲海／滿載櫻花、茶園，以及鄒族的神話」，而「親密的絮語」，暗示著阿里山歷史的多元，而在同一交通上，將親密一同邁向未來。而小火車帶動了詩中的移動性，在森林中的走走停停，努力載客的形象，充滿朝氣，活潑的意象，移動性帶動了整首詩的詩意象。

小火車就居於移動的中介，原始社會的移動都靠身體或自然，並不是那麼方便，但是在工業革命至現今，移動變得快速，因此成為中介的交通工具，在〈阿里山小火車〉中就帶著承載的意象出現，除了運輸，還兼具了彙整空間的意象，將森林中的種種融合成為整首的詩意象，擬人的活潑生動外，並成了邁向未來的象徵：「展開親密的絮語」，小火車將會一直前進，使得人們也會認為順利的未來會得以展開。

彼得‧愛倫說：「儘管運輸已經交織納入了各種社會和文化，幾乎是一種俗務，它還是受到興趣與認同的影響。」〔註57〕這使得除了小火車作為詩題外，不難了解森林鐵道迷是如何的產生，又鐵路運輸發展百年，背後身後的歷史意義，讓這首詩中的中介產生了更巨大的意象產生，因此在詩作中小火車為何要與歷史競賽，實際上，小火車本身就是歷史了，使得「看見」的，又成為「看不見」的意識出現，並在移動中，讓意識流動。

小火車在詩中成為移動性的中介，小火車是在詩中的場域為中介，只是呈現一種意象是不可能的，小火車的可承載，載運了不同的意象在心靈中擴

〔註56〕劉克襄，〈阿里山小火車〉，收錄於蘇慧霜〔總編輯〕，《森林詩語 阿里山詩集（現代詩情）》（嘉義市：農委會林務局嘉管處，2013.06），頁 136。
〔註57〕彼得‧愛倫（Peter Adey）〔著〕；徐苔玲、王志弘〔譯〕，《移動》（新北市：群學，2013.09），頁 254。

散，移動性使得詩意象不只是被召喚，更快速的被關聯了起來。而跳出詩的
場域，現實的場域中，詩作則是在空間中成為空間與人的中介，文學性成為
擴散的要素，彼得·愛倫：「當情緒和情感在事物之間傳遞時，本身就變得具
有移動性——一種情感性的感染。」〔註58〕詩比起其他文體更訴諸感情的宣
洩，作為「地方感」移動的中介，則使得對於地方的情緒、感情能更傳達至
心靈中，無論對象在閱讀之前對阿里山是否有足夠的意識，詩作為中介，已
經成功的將地方與其連結了起來。

三、移動——時間

鄭愁予〈我是專情的阿里〉：

櫻花鬧樹　是時光青鳥對我啁啾
青鳥離枝　啣去繁華還我清幽
但不捨花徑十萬過客　何以消愁？
（千仞登臨一醉無？）
我是專情的阿里　敬備山茶水酒
今年拾花的姑娘　明春再來否？

櫻花怒放　抒古人之怨
櫻花落樹　令過客存愁
我鄒山之阿里雲中趺坐
永念庫巴賜我青春如我
何曾在意愁花怨樹之有無

櫻花瘋了！山脈瘋了！
春來森林…林來瘋了！
十萬攜酒的登山客
瘋上千仞樂如何？
醉臥雲海起　夢中櫻花落！〔註59〕

〔註58〕彼得·愛倫（Peter Adey）〔著〕；徐苔玲、王志宏〔譯〕，《移動》（新北市：
　　　　群學，2013.09），頁264。
〔註59〕鄭愁予，〈我是專情的阿里〉，收錄於蘇慧霜〔總編輯〕，《森林詩語　阿里山詩
　　　　集（現代詩情）》（嘉義市：農委會林務局嘉管處，2013.06），頁44。

　　這是一首寫景的詩作，以擬人化的方式，將阿里山變化成為人物：阿里，而這位專情的阿里，在春季「敬備山茶水酒」等著姑娘來訪，第二段藉著春季櫻花盛開的意象，展現了阿里的青春與熱情，第三段以春來了，眾多的登山客與山同瘋，最後以醉、夢兩字，表示如癡如醉、如夢似幻的意象作結。而光是景象的書寫，如何帶出時間的移動，段義孚說：

> 空間和時間的經驗多屬潛意識的。我們有空間感，因為我們能移動，我們有時間感，因為作為生物的我們遭受緊張和鬆弛的重複出現階段，移動給我們空間感，移動的本身就是緊張的解決，當我們伸展四肢，我們即同時經驗到空間和時間。空間是由自然制約中產生的自由圈，而時間是由緊張至鬆弛所持續的段落。〔註60〕

　　「櫻花瘋了！山脈瘋了！」如同鬆弛的出現，因為春季的醞釀是需要時間的，而對花季盛開的經驗記憶，會體認到一座山頭如何「瘋了」，滿山的森林、花卉是慢慢的改變的，樹木的綠葉長出與櫻花花朵的綻放，都需要時間來長出，而在春季到來時，受到自然變化下而一同綻放，視覺上感到是一晚就盛開，而意識上則了解這是需要蓄積的，而對空間中可以感到緊張與鬆弛，就是意識到了時間流動的出現。

　　彼得・愛倫說：「移動性並非在本質上是抵抗或支配；它可能兩者都是，或是二者之一。」〔註61〕詩中的季節性推移，讚揚了春天的來臨，並推進了時間的移動，時間在空間所造成的作用，形成了詩意象，是潛意識的，而且由於文學的特性，移動性讓時間不拘於直線流逝。就算在非春季中，藉著對空間的知識與記憶，一樣可以從心靈中召喚出滿是櫻花的山頭，而追憶過往，也是移動性所可以造成的意象推移，從空間經驗中，讓時間移動具體的成型。

　　陳義芝〈尋訪鄒人——阿里山夜記夢〉：

> 當我睡著
> 鄒人的歌聲從心上走過
> 像古時獵獲的頭顱滾落
> 大塔山腰的瀑布

〔註60〕段義孚（Yi-Fu Tuan）〔著〕；潘桂成〔譯〕，《經驗透視中的空間和地方》（台北：國立編譯館，1998.03），頁111。

〔註61〕彼得・愛倫（Peter Adey）〔著〕；徐苔玲、王志宏〔譯〕，《移動》（新北市：群學，2013.09），頁161。

演說

一張牛皮被荷蘭人
切成如鞭的絲縷
圈去一大塊土地
一條鐵路載運日本人
鑽進檜木林追逐
樹的亡靈

山神搖撼四野的楓
林鴝在奔跑帝雉在啼叫
但沒有楓葉飄下
沒有歌聲傳來
當我醒在夢裡
夢仍在心上尋訪

日出不屬於你
我聽到一個聲音說
逝去的時間是惆悵
我決意前往
特富野
達邦〔註62〕

　　移動不單單只是實體的移動，藉著不可見的意象，夢中看到的影像種種，
構成了空間的轉換，從古時的鄒人、荷蘭人、日本人，圈走的土地與樹的亡
靈，在歷史記憶下，讓時空進行了移動，意識得以在時空的變換獲得情感與
情緒，彼得‧愛倫指出：「移動性也是可以**被感動**（moved）的某物，是我們
可能會受其感動（moved by）的某物。換句話說，移動性是我們在情緒和情感

〔註62〕陳義芝，〈尋訪鄒人──阿里山夜記夢〉，收錄於蘇慧霜〔總編輯〕，《森林詩
　　　　語　阿里山詩集（現代詩情）》（嘉義市：農委會林務局嘉管處，2013.06），頁
　　　　121。

上感覺到的某物。」〔註 63〕時間的概念最早來自於空間，人在移動的過程中感受到空間變化，而後體認到時間的流逝，在移動中，即表示時間的流逝。而在詩中，空間的移動，往往可以召喚出過往的時間，突破時間洪流，經由詩人特意的凝練，召喚出往昔的事件、回憶，而時間包含的有歷史與記憶，不論眞實與否，意象從心靈中被召喚了出來，並進行抵抗與支配，抵抗是將阿里山遭遇不幸的事件加以譴責，支配則在後段中：「我決意前往／特富野／達邦」，移動靠近鄒人的原鄉，表示與其站在同一邊，進一步表示如同原住民一般，與自然共存。

　　詩中空間的移動，不一定只是單純的人或物，刻意的意象安排下，可使得空間與時間的象徵產生了關聯，表徵在特定的空間位置上賦予了移動的意義，甚至藉著時間事件的推移，讓事件產生了不同的感受變化，「時──空」的關聯與影響下，移動性讓詩意有了新的變化，移動帶來了重構，不只是錯置空間，時間也可以錯置，錯置時空的作法，使得想像能夠更開闊，詩意象更加的清爽獨特。

〔註63〕彼得‧愛倫（Peter Adey）〔著〕；徐苔玲、王志宏〔譯〕，《移動》（新北市：群學，2013.09），頁 222。

第五章 戰後台灣阿里山現代小說書寫

　　許多人藉著書寫地方，去追憶著歷史與記憶。鄉土小說，在台灣大都是扣合著地方、歷史，這跟台灣整體的歷史環境有著必然的因素。鄉土小說中的虛構情結，除了將歷史活生生的呈現，另一部分則是讓地方的發聲，在亦真亦假的文字中，卻寫出了真實的地方感：人與地方的記憶，由小說呈現了，人對於地方各種不同的空間連結，土地何以獨特，因為它提供了創作的源頭。選擇研究的小說文本的過程中，筆者以戰後為時間斷限進行篩選，但仍有不少的小說作品，為了收束論述，則必須加以閱讀與挑選。

　　張文環〈夜猿〉雖為出色的短篇小說，細膩的描寫一家人在阿里山區的生活，人與動物、自然環境的呼應，點出山區的艱辛與生活的無奈，但發表於日治時，故不列入選擇。鄭清文〈鹿角神木〉是帶著強烈隱喻性的童話式小說。失去母鹿的小鹿，強烈的思念使牠的鹿角化為神木，永懷著對母親的思念靜靜佇立著，正如同阿里山神木般落土釘根、仰天生長。除了呼應上一章所提及的「釘根」概念，也顯示出了人對於神木的想像與景仰，如何去構築了神話空間。

　　胡台麗〈吳鳳之死〉，其中用田野調查的手法，以第一人稱的角度，藉著主角、論文、鄒族好友三者敘述，描述吳鳳傳說的由來與誤傳，除了破除吳鳳神話，背後則敘述部族文化的沒落，與現代面臨不斷改變的自我。

　　侯紀瑄《戀戀阿里山》為電視劇改編的原著小說，述說從上海來到台灣阿里山取景的電影劇組，因 1949 年的戰事蔓延導致無法返回大陸，在這樣的

時代背景下，以三位青年為主軸，訴說他們在台灣漫長的流離歲月與情感糾
葛。

王瓊玲《美人尖》、《駝背漢與花姑娘：汗路傳奇》、《一夜新娘：望風亭
傳奇》三本以地方為架構的小說，充分的以梅仔坑為背景，並以自身生活經
驗與鄉土故事為資料，詳細描寫外，更將小人物的堅忍、困苦、無奈、自足……
等等的情感，藉著小說呈現出來。

小說背景設定在國共戰爭的大時代下，流離失所、遠離家鄉的故事不在
少數，而以王瓊玲《美人尖》的小說裡，數篇講述因戰亂流落的榮民故事，
更為深刻動人，與地方的連結更加的扣合。《戀戀阿里山》中的阿里山，則只
是挪用了阿里山作為小說中的背景，與阿里山地方的聯繫並不大，故不納入
研究當中。

鄭宗弦《阿里山迷霧精靈》是揉合了鄒族神話與阿里山日治時歷史的奇
幻小說。講述主角凱翔穿越時空到日治時代，與樹靈所發生的故事，以阿里
山為背景，結合鄒族神話、巫術，講述人與山林的互動，並帶入了現代保育
生態的概念。

莊世瑩《回家・回部落》與嚴淑女《春神跳舞的森林》這兩本雖是兒童
繪本，但都以鄒族文化為背景設定，前者講述青年巴蘇亞返鄉參加戰祭過程，
見到部落受到現代社會的影響，後者則敘述少年阿地，如何藉著奶奶遺留的
櫻花瓣，與動物做好朋友，並拯救了櫻花精靈，讓春天重返阿里山。筆者本
欲將其與〈鹿角神木〉相互比較、分析，可惜兩本繪本以兒童為取向，以小
說的面向看來，故事深度不足，阿里山的空間性僅是點到為止，不能就空間
部分進行深入的探討，最終並未納入研究中討論。

最後筆者選擇了以王瓊玲書寫關於梅仔坑的短、長篇小說，與鄭宗弦《阿
里山迷霧精靈》為主要研究文本，各以小說寫作中的真實與虛構兩方面，為
主要論述主題，並以相關文本兼論：鄭清文〈鹿角神木〉、胡台麗〈吳鳳之
死〉。從小說中真實與虛構，可以看出地方是如何架構，就算內容虛構，虛
中有實，真確的呈現了人對於地方獨特的情感，人與地方是相互影響的，土
地養活了人，人開拓了土地，土地又提供了人想像的空間。兩者為主軸論述，
主要集中論述焦點，並兼以其他小說文本，期望能更顯露出小說中的「地方
感」。

第一節　梅仔坑傳奇：先民開拓史

　　王瓊玲，台灣嘉義縣梅山鄉人，以家鄉記憶做爲起點，將所聽聞的故事，與記憶中的故鄉揉合，寫出梅仔坑的傳奇。本節以王瓊玲書寫故鄉，梅仔坑的鄉土小說，爲主體分析，其出版的三本小說著作分別爲：《美人尖》〔註1〕、《駝背漢與花姑娘：汗路傳奇》〔註2〕、《一夜新娘：望風亭傳奇》〔註3〕，圍繞著梅仔坑，王瓊玲扮演著說書人，一個一個的故事，書寫著地方的傳奇。

　　《美人尖》收錄了〈含笑〉、〈美人尖〉、〈良山〉、〈老張們〉，4 篇短篇小說。〈含笑〉寫出了傳統的僵化，阻隔了開化的自由戀愛，天助與含笑被活生生拆散，但 50 年後，天助的虧欠，在自己的血脈中得到了救贖。〈美人尖〉講述了鄉土中的家族與婆媳問題，不過問題再多，最終來自人性的，也將回歸人性，在最後的歲月中，什麼都爭的阿嫌漸漸看開了。〈良山〉說了一段關於不肖子返鄉尋墓與贖罪的故事，對父親的掛念與愧疚，糾葛的心理，春花姨的孤苦冤魂反成爲良山活下去的動力。〈老張們〉是一群迫不得已來到台灣的外省人，以張大爺爲家族大家長，共組起了異姓家族，本是一群懷抱著返鄉夢的離家外省人，但經過時代變化，「番薯不驚落土爛，只求枝葉代代傳」，終將梅仔坑變爲故鄉的故事。

　　《駝背漢與花姑娘：汗路傳奇》收錄了〈駝背漢與花姑娘〉、〈阿惜姨〉、〈阿滿的蘋果〉，3 篇短篇小說。〈駝背漢與花姑娘〉述說日治時期，天生駝背的田哥從小被趙家收養，趙家阿叔對他百般苛刻，但田哥傻人有傻福，被傻不愣登的花姑看上，最後成了家也有了後，在戰爭後期生活困苦，田哥與趙家兩家子間，爲了未來、孩子，小人物卑微卻努力的活著。〈阿惜姨〉訴說了鄉村困苦的生活，秋月與阿惜姨兩個女人，從年輕到老，爲了家庭打拼，歷經喪夫、喪子，仍舊擺脫不了親人的不諒解，尤其阿惜姨渡水不慎淹死幼女，更形成她一生揮之不去的心理創傷。〈阿滿的蘋果〉則以國小四年級的女生：何滿足，逗趣的用童言童語，描述著鄉村小孩的生活，故事說著阿滿如何吃到奢侈品：蘋果，鄉村小孩的困苦與直接，讓大人們摸不著頭，讓人好笑又好哭。

〔註1〕　王瓊玲，《美人尖》（台北市：三民，2009.01）。
〔註2〕　王瓊玲，《駝背漢與花姑娘：汗路傳奇》（台北市：三民，2011.01）。
〔註3〕　王瓊玲，《一夜新娘：望風亭傳奇》（台北市：三民，2014.01）。

《一夜新娘：望風亭傳奇》為長篇小說，以自身母親作為女主角的原型，
揉合母親年輕時的經歷：參加過日治時國語演講比賽得獎獲勝、景仰的日本
老師在返回日本前給予的和服……等等鄉間故事，從母親聽聞各種感人的
愛、恨、情、愁，而架構出了一段望風亭中滋生出的愛情，述說受到時代擺
弄的師生戀情，因風俗捉弄，又因戰爭分離的地方小說。

各篇小說書寫的時代，從日治到近代不同時期的故事都有，但時間順序
不是其主要的敘述重點。從中可以看出每個時期中，地方的變化，與描述生
活在梅仔坑中不同時空的小人物，為了努力生存的堅忍不拔，與其散發出來
的純真意念與人性光輝。

一、空間的寓意與情感投射

梅仔坑〔註4〕，現今嘉義縣梅山鄉，梅山鄉開墾時期較早，與阿里山鄉的
開發史就截然的不同，但一樣的人民，也歷經了一樣的歷史與文化洗禮。台
灣經歷清領、日治、國府的統治，台灣歷史中會經歷的，在此一樣都沒少過。

關於地名的沿革，《梅山鄉誌》中記載：

> 梅山早期稱「梅仔坑」，今本地或外地人年長者多稱梅山為梅仔
> 坑，其地名由來是移住民未進入開發前，在現在天主教堂旁的小山丘
> （舊稱六角坑仔）上面長滿野生種梅樹。……大正9年（1920）由日
> 人將梅仔坑改為小梅。戰後於民國35年1月改為梅山，……〔註5〕

梅山鄉位於阿里山山脈的西北角，東側與大塔山接壤和阿里山相為鄰。以地
緣來說，雖與阿里山鄉同在阿里山山脈，但西為丘陵區、東為山地區，又為
清水溪、北港溪等支流的源流區，故地表崎嶇，與阿里山鄉的山林面貌又不
相同。〔註6〕民國90年，阿里山國家風景區管理成立，將梅山鄉、竹崎鄉、
番路鄉及阿里山鄉等，4個鄉的風景區，將其納入阿里山國家風景區中統一管
理。

在王瓊玲的記憶中，以梅仔坑為中心，收集了散落的鄉野傳聞，在巧思

〔註4〕　為方便與小說內容相互論述，以下內容中的梅山鄉皆以舊稱「梅仔坑」稱之。
〔註5〕　顏尚文〔總編纂〕，《梅山鄉誌》（嘉義縣梅山鄉：嘉義梅山鄉公所，2010.01），
　　　　頁58。
〔註6〕　顏尚文〔總編纂〕，《梅山鄉誌》（嘉義縣梅山鄉：嘉義梅山鄉公所，2010.01），
　　　　頁3。此段關於梅山鄉地理相關資料，擷取相關資料並精簡敘述而成。

重構下，化爲一篇篇的小說，抓住了地方上的中心：梅仔坑，然後以「汗路」〔註7〕往周邊延伸，望風臺（亭）、屈尺嶺、占子社、牛薩腳、梨園寮、寒水潭、龍眼林（竹仔嶺）、金鳳寮、雞胸嶺，這些在小說中出現的地名，都是眞實的地名，王瓊玲藉著地方中不同的地理狀況，去敘述了主角不同的經歷，每個主角像是各時代都曾見過的小人物，可是在獨特的地緣影響下，增添了特殊的形象特色。

　　獨特的形象在於地方小說中如何圈定範域，范銘如對於路徑與範域的關係如此說明：

> 路徑將生存空間形構成更特殊的範域，綜合河海、山岳等地理條件或政治經濟因素區隔出複雜的範域模式。範域具備充足的意象，使人想像生存空間的一致性，進而建立起人與自然環境間的秩序。人類對空間的佔有皆通過路徑和場所的運用，將環境區圍成範域，建構出整體性的空間認知並因之掌握住個體的立足點。〔註8〕

故事都是圍繞在梅仔坑發生的，詳加觀察會發現，故事主軸可能位於梅仔坑附近的庄頭，梅仔坑只是整個地域上的通稱，細分上還是有所差異，因爲對於居民來說，雖然意識上普遍認爲，自己是屬於核心，口頭卻以地方上主要的市集場所爲主，是易於與他人溝通交流。實際上，人都是以自己爲中心，從生活的空間開始，逐步往外而去建構範域的。

　　〈含笑〉中的天助面臨私奔的抉擇中，想著一旦離家，面臨的是「沒有溫濕鬆軟的泥土可耕、沒有鮮美魚蝦可網」〔註9〕的擔憂，〈駝背漢與花姑娘〉中，田哥作爲趙家童工，生活總圍繞在農事間：「不是駕水牛、駛鐵犁，翻耕著一畝又一畝的梯田，就是趴在山坡地，種下一株又一株的柑橘苗。」〔註10〕趙家阿叔幫自己家族取了日本姓氏：「田井」，說是：「是爲著要讓子子孫孫詳細記住趙家祖先賴以維生的田土和井水」〔註11〕，在王瓊玲的詳細描寫中，

〔註7〕　何謂「汗路」，詳見書中註2：梅仔坑地區群山環繞，十幾個村落，彼此交通及聯外的山間小路稱「汗路」。參照：王瓊玲，《一夜新娘：望風亭傳奇》（台北市：三民，2014.01），頁7。
〔註8〕　范銘如，〈七○年代鄉土小說的「土」生土長〉，《文學地理：臺灣小說的空間閱讀》（台北市：麥田，2008.08），頁155。
〔註9〕　王瓊玲，〈含笑〉，《美人尖》（台北市：三民，2009.01），頁17。
〔註10〕　王瓊玲，〈駝背漢與花姑娘〉，《駝背漢與花姑娘：汗路傳奇》（台北市：三民，2011.01），頁9。
〔註11〕　王瓊玲，〈駝背漢與花姑娘〉，《駝背漢與花姑娘：汗路傳奇》（台北市：三民，

強烈透露出農業社會的傳統思維，因爲在早期梅仔坑地方，賴以爲生的就這片土地，思思念念的總脫離不了。

以〈美人尖〉中的情節，阿嫌被嫁到了牛薩腳，由於從梅仔坑大街去到牛薩腳的山路難行，不只要先上三十六彎到望風亭，還要渡過清水溪才會到達，路途相當顛簸。在嫁婆與洗門風的事件中，從梅仔坑到牛薩腳的路上，這條汗路就被詳細的描述，甚至成爲阿嫌出嫁時心情寫照：「一條路顛顛又簸簸、一顆心更是忿忿又怨怨。」〔註12〕汗路不只連接了梅仔坑各庄頭的交通，間接也圈起了居民的地方意識，藉此更形成了生活的範域。生活的範域如同身體的延伸，因此人會不自覺的將生活範域納入心理意識中，成爲一種感情的投射或表現，顛簸的山路即是如此，投射了阿嫌出嫁時的不安與不快，讀來就很自然的，感受到山路蜿蜒，與令人緊繃的感觸。

〈老張們〉則是更直接，使用了地方的專有符碼：梅花，七兄弟中的小七好畫梅，小說刻意的將其身世設定爲：

> 雪鄉老家的大院落裡，書房窗前有一株百年老梅，是高祖親手種下的。娘在宣紙上，用濃墨摹畫老幹的蒼勁、用胭脂點染新蕊的嬌嫩，就掛在粉牆上；兩旁的字匾：「疏影橫斜水清淺，暗香浮動月黃昏。」——林和靖的名詩，是爹題寫的，有著龍行鳳翥的超凡與瀟灑。
>
> 所以，他惜梅、愛梅，一張張雪白的宣紙，栽種過千株、開放過萬蕊，都是他翻耕心田、灌溉血汗，就著天地生機，一筆一筆勾勒出來的。〔註13〕

王瓊玲將小七家鄉的老梅，與梅仔坑的古梅交疊，爲何小七會居於梅仔坑，正是冥冥中注定的，「凡是長得出梅樹的地方，就留下過他的足跡」〔註14〕，甚至他娶到精神異常的妻子：傷梅，也以「梅」名之。小七的一生，就如同梅花一般，歷經寒冬冰霜，仍堅挺枝幹，開花芬芳，在經過戰亂分離、異地求生，根落他鄉仍不屈的生存著，可是在梅花綻放的花蕊下，支撐的，是滿布歲寒刻痕的枝幹。小七的生命布滿的傷痕，支撐他活著有各種理由，一開始的張大爺，而後的妻子、子女、尋梅、畫梅，到最思念的故鄉與母親。定

2011.01），頁12。
〔註12〕王瓊玲，〈美人尖〉，《美人尖》（台北市：三民，2009.01），頁42。
〔註13〕王瓊玲，〈老張們〉，《美人尖》（台北市：三民，2009.01），頁208。
〔註14〕王瓊玲，〈老張們〉，《美人尖》（台北市：三民，2009.01），頁239。

居在梅仔坑，任一件事小七都盡力去做，如同梅樹努力的開出花蕊，可最後自己的生命如同梅樹枝幹，乾枯峭澀，堅毅不拔卻孤寂一生。

而在各篇小說最常提到的場景，非寒水潭莫屬了，文本敘述中常用其表示各種心境、感情。〈老張們〉中就拿來形容媒人婆：「心像山裡頭的寒水潭——深不可測」〔註15〕，小七的意志消沈：「冷清的家、冷清的過去與未來，使得在寒水潭發現古梅的喜悅，也慢慢冷了。」〔註16〕〈駝背漢與花姑娘〉中，用來表達花姑的傷心：「不僅是黑森森的大潭，也是陰慘慘的地獄。」〔註17〕〈阿滿的蘋果〉中，孩童口中咒人的鬼地方：「我恨不得一腳把他踢到寒水潭或『死囝仔溪』去淹死。」〔註18〕還有阿滿對於蘋果的渴望：「那粒蘋果發射出無比的能量，像山上寒水潭的漩渦」〔註19〕，這樣的咒罵，一樣在《一夜新娘》中出現：「你不怕腳底一滑，就摔入去寒水潭」〔註20〕。

寒水潭總是在敘事中不時的出現，不只是地方上獨特的地標，甚至被拿來成為各種象徵，除了被拿來指涉咒罵他人外，普遍是拿其水深冷邃的意象，去形容人們的感情，無論是深不見底，還是冰冷的地獄，甚至是慾望的漩渦，充分使用的關於「水」的情感感觸，也可見「水」在梅仔坑地方的重要性。

描寫最深刻的是在〈良山〉中，寒水潭是少年良山慾望的化身：「氣味早就被他偷了許多過來——從曬衣的竹竿上。……那些氣味全都藏在寒水潭，別人聞不到也搶不去。」〔註21〕良山對於少婦春花的過度愛戀，甚至把偷拿的衣物藏在寒水潭：「黃昏，替人插完秧，良山便躲到寒水潭，躺在大石磐上。從樹洞裡掏出深藏的花紅柳青，猛力撐張所有的肺葉，吸著、嗅著，整塊蒙搗在臉上。空氣中都是她的味道，苦苦糾纏他的幽幽香氣。」〔註22〕明知道這是不對的，他卻不得不躲去寒水潭發洩：

〔註15〕 王瓊玲，〈老張們〉，《美人尖》（台北市：三民，2009.01），頁204。
〔註16〕 王瓊玲，〈老張們〉，《美人尖》（台北市：三民，2009.01），頁248。
〔註17〕 王瓊玲，〈駝背漢與花姑娘〉，《駝背漢與花姑娘：汗路傳奇》（台北市：三民，2011.01），頁32。
〔註18〕 王瓊玲，〈阿滿的蘋果〉，《駝背漢與花姑娘：汗路傳奇》（台北市：三民，2011.01），頁175。
〔註19〕 王瓊玲，〈阿滿的蘋果〉，《駝背漢與花姑娘：汗路傳奇》（台北市：三民，2011.01），頁206。
〔註20〕 王瓊玲，《一夜新娘：望風亭傳奇》（台北市：三民，2014.01），頁220。
〔註21〕 王瓊玲，〈良山〉，《美人尖》（台北市：三民，2009.01），頁136。
〔註22〕 王瓊玲，〈良山〉，《美人尖》（台北市：三民，2009.01），頁137。

那股能量蠢蠢啓動，越蓄越多、越積越強……壓不下去了！他抱起頭殼、縮腰彎背、緊夾兩腿，在石磐上摩擦翻滾。越摩越滾，火卻越燒越熾旺。他呼呼喘氣、大聲呻吟，緊握拳頭，砰！砰！砰！捶打岩壁，燄火仍熊熊包裹全身，從腳趾甲燒到頭毛尖，一寸寸爆裂。

忍不住、滅不掉，要炸開了——

他縱身一躍，跳入潭中……

左肘臂仰起，切下，旁划，撥開；換右肘臂……吐、吸，大口，猛力踢腿剪水——逃命似的。

翻轉過跟斗，踢蹬石岸，筆直射向前，水花嘩啦啦四濺，像縱游藍色海洋的鯨豚。

只有在水中他不癱，一身兩腿，了無缺陷……換個蝶式，矯健又優雅；再翻躺，游仰式……冷水浸透了伸展的四肢，一寸寸放鬆，緩和了他狂亂的思緒和神經。〔註23〕

在描寫良山情緒發洩的舉動，不是露骨的，而是利用在寒水潭中的行動，去描寫出心中狂亂的思緒，還有如同潭深一般的深深愛戀。藉著猛力在水中游泳的姿態，那身體的一舉一動，如同包裹在慾望當中掙扎，在精疲力盡後，冰水雖緩和了這次慾念，可是熊熊慾火的良山，只能不斷的跳入潭中，一次一次的壓抑慾火，又悠游慾水，最終良山壓抑不住，致使鑄下大錯，姦殺了春花。

水是慾念的化身，又可以是死亡的終點。「起了一把猛火，燒掉一切在世的怨恨及赴死的工具。再把火紅的灰燼，拋進黑冷的深潭。一入潭水，冤鬼惡煞頓時力消氣散，被囚進陰府地曹。」〔註24〕寒水潭在梅仔坑習俗上，變成囚禁冤魂的空間，良山父親爲兒子贖罪，上吊自殺後，被村民認爲不詳，避免被「抓交替」，當地舉行「送肉粽」的風俗儀式，有著將冤魂送入寒水潭封閉的含意存在，如同鄒族人認爲小塔山是惡靈的國度一般，可見不同文化上，對著靈魂的居所，有著相似的空間概念。

另一個利用「水」意象，有深刻描寫的小說文本則是〈阿惜姨〉。阿惜姨帶著尚在襁褓的女兒阿梅，因爲發高燒要強渡氾濫的清水溪時，跨溪時竹仔

〔註23〕王瓊玲，〈良山〉，《美人尖》（台北市：三民，2009.01），頁 137～138。
〔註24〕王瓊玲，〈良山〉，《美人尖》（台北市：三民，2009.01），頁 130。

橋斷裂，造成阿梅溺斃。清水溪橫跨各庄頭，平時是梅仔坑人賴以為生的水源，在雨後卻變為惡水。王瓊玲巧妙的利用歌仔戲《泥馬渡康王》，使用在描寫上，利用現實與意識交錯的方式，去使這一段回憶的張力擴大，讓讀者深深的感受到清水溪的湍急凶猛，與阿惜姨的悲傷與愧疚。

舞台上的惡水，沖毀阿惜姨的防波堤。記憶的洪水，一陣陣、一浪浪淹過來、湧過來，越推越高、越積越強，匯成了大海嘯⋯⋯

⋯⋯要怎樣渡呀？二十九歲的阿惜姨急得咬牙跺腳。

清水溪一點也不清，是一隻奔竄出谷的土黃色暴龍。阿梅伏在她背上發燒，肩上還有一擔竹筍，眼前卻只有一座竹仔橋。

昨晚，天上的雨不是用下的，是整盆整缸倒落在梅仔坑的。濁水滾滾，幾乎淹上橋面。〔註25〕

在描述中，王瓊玲讓意識與真實同時述說，舞台上上演著康王如何渡河，阿惜姨卻在回憶中對著生命抗議，康王有神助，而她卻死了幼女，挑著竹筍強渡清水溪非自己所願，但為了生活，不得不如此，只是那一天的惡水，至今還是不斷的在心中翻滾奔騰著：「七十多年前的大水，匯流到無邊的心海，沉落為洶湧的暗潮。」〔註26〕意識總如同水流一般任意快速，在此又以梅仔坑的生命之源：清水溪，為象徵意象，王瓊玲可能不是有意識的使用清水溪內在含意，但〈阿惜姨〉內的描寫，足以顯現清水溪對於梅仔坑人的重要性，與對其的畏懼。

地景在小說中的描寫，除了客觀的地理，在小說家有意的挪用下，常常內涵了多重的象徵，除了當地人對於地景在地方上的象徵外，小說家可以更主動的賦予更深層的含意。在書寫的安排與巧思下，空間描寫引起的概念，還是從人對於地方的意識開始萌發，因此才能進一步書寫地方，延伸跟架構深層的內涵，一切還是與在地的生活經驗有所關聯。

二、地方經驗的書寫應用

段義孚（Yi-Fu Tuan，1930～）指出：

「經驗」乃跨越人之所以認知真實世界及建構真實世界的全部

〔註25〕王瓊玲，〈阿惜姨〉，《駝背漢與花姑娘：汗路傳奇》（台北市：三民，2011.01），頁147。文本中，粗體為阿惜姨的回憶，與現實情景相互交錯。

〔註26〕王瓊玲，〈阿惜姨〉，《駝背漢與花姑娘：汗路傳奇》（台北市：三民，2011.01），頁158。

　　過程。經驗的型式由比較直接而消極的，如嗅覺、味覺和觸覺、至
　　積極的視覺和間接的符號意象方式形成。……但人類的經驗是屬於
　　成熟的程度，經驗顯示學習能力的實踐，故可以說經驗就是學習，
　　乃人的本能的發揮，也是本能的一種創造，一項事實是由經驗構成，
　　也是人的感覺和思想的產品。〔註27〕

　　在第二章中提過「經驗是『感覺』和『思想』的綜合體」，以此佐證文學
可成爲經驗的載體，而在文學之前，人對於空間自覺性的意識，早使空間兼
具承載經驗的功能。在文學書寫當中，不可否認的，可以從空間中汲取經驗，
轉注入於文學中，而小説在作者主觀意識下，則更能直接的使用地方經驗，
有意識的與劇情內容揉和與構成，成爲小説中獨特的地方感。由此來審視王
瓊玲的小説，可以清楚的看出，在小説文本的內容，充分使用到關於地方經
驗，使用其爲創作題材的源頭。

　　地方經驗類似地方上的共同記憶，但具有著親身的經歷，爲共同的實際
體驗，是人對地方自覺的，意識到地方上的時——空中的感覺、事物，不單
單只是純記憶，是變成眞實經歷過相同的空間環境，並將其內化於生活、生
命中。

　　地方小説中話語如何的架構，就與地方經驗有著深層的相關性，范銘如
對於鄉土書寫有這樣的看法：「土地上可見的人的故事易寫，土地本身的經歷
則不易；土地上現有可見的景觀易寫，舊有消失的地貌較難。」〔註28〕因此
小説只是純粹的描摹地方上的人、事、物，就無法凸顯在文本背後的內涵，
小説巧妙之處就在於揉合現實與虛構，製造出劇情的張力，進而去表現出深
刻的情感。故如何利用既有的地方經驗（表徵），又如何最大限度的挪動故事
（寓意），小説話語中的地方如何再現，就考驗小説家的書寫創意了。

　　如王瓊玲筆下的小七先生，現實中確有其人，是以定居梅仔坑的國畫大
師蔣青融爲原型，進而去塑造出來的小説人物，在〈老張們〉爲主角之一外，
在其他故事中也會不時被提到。在〈阿惜姨〉中，阿惜姨的木牌上的字：「架
上掛著一張木牌子，毛筆寫了兩個大黑字：『奉茶』——是多年前，在中學教

〔註27〕段義孚（Yi-Fu Tuan）〔著〕；潘桂成〔譯〕，《經驗透視中的空間和地方》（台
　　　　北：國立編譯館，1998.03），頁7～8。
〔註28〕范銘如，〈另眼相看——當代台灣小説的鬼／地方〉，《文學地理：臺灣小説的
　　　　空間閱讀》（台北：麥田，2008.08），頁87。

書的小七先生幫她寫的，……。」〔註29〕在〈阿滿的蘋果〉，何滿足批評同學李香香的手帕上圖案時：「隔壁小七叔叔畫的梅花，比那個甚麼『殺苦啦』強上千萬倍！」〔註30〕還有如此的形容：「在中學教書的小七叔叔是非常非常有名的大畫家，他很疼小孩，常說故事給我聽，又教我畫梅花、寫書法。」〔註31〕小七先生總是不時的出現在故事中，具有畫龍點睛的效果，增加小說劇情獨特的趣味。

　　王瓊玲並非只是單純取材，將家鄉有名的人士直接放進小說中書寫，而是與蔣青融有一段生活的淵源，使得她擷取了這段生活經驗寫入小說中。從聯合報的報導中，可見到王瓊玲的自述：「小時和蔣青融住很近」、「畫桌是小學生不用的課桌拼湊而成」，還有小說中的對聯：「孤帆沉遠水，曉鐘過迴廊」，而是眞實生活中，蔣青融親手所寫並贈送給王瓊玲的，在各篇小說中總是不時的出現，可見蔣青融對於王瓊玲的影響之大，甚至可說，蔣青融對梅仔坑的影響更大。〔註32〕

　　《梅山鄉誌》：「蔣青融因畫梅、愛梅移居梅山，任教梅山國中。……更四度提供畫作，贊助梅山文教基金會建館籌款義賣。」〔註33〕在梅山文教基金會網站中，關於蔣青融的簡介中提到：「民國五十一年，愛梅而移居梅山，終日與梅比鄰足跡踏遍梅山山區各角落，他居住梅山鄉有三十五年的歲月，鄉親都認爲他是道地梅山人。」〔註34〕可見蔣青融在梅仔坑地方上的影響，甚至讓當地人認同，比在地人還在地。有意識於地方的生活經驗，將其轉化並書寫，即是充分的運用的地方經驗，進行文學書寫的例子。繪畫藝術上，

〔註29〕　王瓊玲，〈阿惜姨〉，《駝背漢與花姑娘：汗路傳奇》（台北市：三民，2011.01），頁102。

〔註30〕　王瓊玲，〈阿滿的蘋果〉，《駝背漢與花姑娘：汗路傳奇》（台北市：三民，2011.01），頁202。

〔註31〕　王瓊玲，〈阿滿的蘋果〉，《駝背漢與花姑娘：汗路傳奇》（台北市：三民，2011.01），頁221。

〔註32〕　謝恩得，〈兩岸畫梅第1人　蔣青融紀念展〉，（來源：http://udn.com/news/story/7013/1127841-%E5%85%A9%E5%B2%B8%E7%95%AB%E6%A2%85%E7%AC%AC1%E4%BA%BA-%E8%94%A3%E9%9D%92%E8%9E%8D%E7%B4%80%E5%BF%B5%E5%B1%95，2016.01.19）。本段中，王瓊玲與王青融的淵源，由此篇報導中擷取。

〔註33〕　顏尚文〔總編纂〕，《梅山鄉誌》（嘉義縣梅山鄉：嘉義梅山鄉公所，2010.01），頁565。

〔註34〕　〈蔣青融話梅序言　榮膺全球中華文化藝術薪傳獎得獎感言〉，（來源：http://www.ms-cef.org.tw/modules/xforum/viewtopic.php?topic_id=20，2016.01.19）。

蔣青融因愛梅畫梅,小說創作上,王瓊玲則書寫傳奇。

范銘如提及:「時空概念及其表現形式是人類理解歷史與自我的重要參照,小說話語中的再現尤其重要。」〔註35〕在王瓊玲書寫的小說中,可以看到不同的語言使用,而這些語言則是跟著不同的時空而出現。小說中關於地方上的語言,非常熟練的使用,在各篇中不會不通順,甚至使用台語中的俚語,讓人讀來能夠進一步融入地方的情調之中,俚語的使用,非常的貼近各篇主旨,如〈含笑〉寫到:「生的放一邊,養的大過天。」〔註36〕天助的私生子、二爺的養子,在本地人與外省族群中,都能夠接受如此的概念,而同樣的一句話卻表現出兩樣情,天助是無法與含笑在一起,導致兒子淪爲他人扶養,二爺則是戰亂流落梅仔坑,基於家族的延續,結婚後收養妻子的私生子,呈現了一個地方,確有著不同的地方經驗,可是這樣的地方經驗,又可歸結到一樣的情感上。甚至在〈老張們〉中有句:「媒婆們兼做起『老芋頭配嫩番薯』的生意」〔註37〕,倒也呈現了當時地方上的時空變化,因爲外省群族的進入,造成了環境變化,俗語、俚語的變化,可見一斑。

本地的閩南方言,在王瓊玲小說中是最常見的。從〈美人尖〉中,阿嫌嫁娶時,媒人婆口中的「新郎新娘入洞房,今日魚水喜相逢。明年天上送貴子,富貴長壽福滿堂」〔註38〕、「新娘美麗又好命,夫家外家好名聲。上等甜茶來相請,祝賀金銀滿大廳」〔註39〕……等等的四句聯,可以呈現出梅仔坑地方習俗的狀況,對於梅仔坑本地群族狀況,就可以了解主要爲本省群族居多,也是地方上生活狀況。

接著〈駝背漢與花姑娘〉中則大量使用貼近底層生活的閩南方言,如:「替別人養雜種嬰仔」、「憨雞公咬蟲去餵烏鴉子」、「頭頂戴綠帽、身上扛枷鎖,做烏龜做得心甘情願、歡頭喜面」〔註40〕……等等的話語,更可以體會到梅仔坑是比較貼近傳統台灣鄉村生活的地區,不如現代化城鎮中,漸漸消失的

〔註35〕范銘如,〈放風男子與兒童樂園〉,《文學地理:臺灣小說的空間閱讀》(台北:麥田,2008.08),頁65。

〔註36〕王瓊玲,〈含笑〉,《美人尖》(台北市:三民,2009.01),頁22。

〔註37〕王瓊玲,〈老張們〉,《美人尖》(台北市:三民,2009.01),頁204。

〔註38〕王瓊玲,〈美人尖〉,《美人尖》(台北市:三民,2009.01),頁48。

〔註39〕王瓊玲,〈美人尖〉,《美人尖》(台北市:三民,2009.01),頁53。

〔註40〕王瓊玲,〈駝背漢與花姑娘〉,《駝背漢與花姑娘:汗路傳奇》(台北市:三民,2011.01),頁39。主要引用鄰里鄉親議論田哥時的話語來列舉,但內文中隨處可見閩南方言有意識的廣泛使用。

風俗人情。

〈駝背漢與花姑娘〉除了大量的台語出現外，並開始有意識的使用日語音譯的詞語，如：「麻拉利亞」〔註41〕一詞，在接著的長篇小說《一夜新娘》中也有出現：

> 「會不會是染到『麻拉里亞』？」老伯公腦門一轟！轟得兩個膝蓋發軟。

> 日本人對臺灣的貢獻之一，就是把好幾項猖狂的傳染病控制下來。但是，南洋列島的叢林戰一開打，良藥奎寧便耗盡了，瘧疾又在臺灣捲土重來。

> 缺藥比缺錢、缺糧還可怕，一下子就會要掉人命！〔註42〕

可見在地方人的記憶中，早期台灣的瘧疾令人感到絕望。而在時代背景為日治時期的《一夜新娘》中，王瓊玲與之前中短篇的小說不同，以更成熟的筆法，去描寫不同人、不同語言的呈現，如宮城先生與老伯公的對話，都如實的以日文書寫，櫻子的日語演講更是如此：

> 天性的好強、半年來的急訓，讓雷屬風行的皇民化教育，真的在梅仔坑的深山裡開出了奇葩。軍歌改成演講詞，竟然天生天成、行雲流水起來。櫻子雄壯威武地演講著：

> 「或いは草に伏し隱れ、或いは水に飛び入りて、万死恐れず敵情を視察し帰る斥候兵。肩に懸れる一軍の安危はいかに重からん。」

> （有時躲在草叢中、有時伏在深水裡。不怕萬死、偵察敵情的是斥候兵。肩負著重要的任務，都是為了全軍的安危。）

> 「道なき道に道をつけ、敵の鉄道うち毀ち。雨と散りくる弾丸を、身に浴びながら橋かけて、我が軍渡す工兵の功労何にか譬うべき。」

> （無路要開路，還要破壞敵人的鐵路。砲彈如大雨淋下來，仍然要冒險造橋。我們日本的工兵，從來就不會搶佔功勞。）

〔註41〕王瓊玲，〈駝背漢與花姑娘〉，《駝背漢與花姑娘：汗路傳奇》（台北市：三民，2011.01），頁19。日語的「マラリア」（即為德語 malaria 的音譯）為瘧疾，這樣的音譯至今成為本土台語中的詞語。

〔註42〕王瓊玲，《一夜新娘：望風亭傳奇》（台北市：三民，2014.01），頁141～142。

　　　　櫻子的慷慨激昂，讓臺下的邱信嚇一大跳，臉色從倉皇轉成驚
　　駭，由灰白激動到紅通通。〔註43〕

　　王瓊玲藉著《一夜新娘》中的故事，以之前的寫作經驗，嘗試將地方上的語言都一併寫入，呈現出地方經驗用於寫作過程的應用。小說中，不同方言與語言的使用，藉著人物間的話語，再現地方在當時的時空下，不同的人（文化）進入了梅仔坑這一地域空間，言語的交互影響，使得地方文化間接受到了變動，地方影響了人，人又再造了地方，在時空的橫軸中，眾多的人、物與地方，相互影響、變化。

　　基於地方經驗書寫出的小說情節，仔細觀察，就可以明白在小說創作中，生活環境對於作者的創作中，地方經驗的影響是很直接、鮮明的。在空間背後寓意的主體，地方經驗已經爲其決定好了位置，因爲人對於地方的意識，先賦予了空間表面的意義，而在長久的地方生活中，形成了經驗，變成地方深層的內涵精神，這樣的精神是藉著人構成，但如何產生與形成，與地方空間密不可分。

三、外來族群與事件

　　小說的背景架構，常常是以現實空間作爲設定，那是貼近作者最深刻的生活空間。在生活空間中，過往發生的事件，正是人性最眞實的一面。以下從 1.日本殖民、2.外省流落、3.共時事件，三個主軸去探析小說中，歷史與地方的關係。

（一）日本殖民

　　日本殖民台灣，是老一輩共同的記憶，許多老年人仍有著殖民時期的生活記憶，甚至經歷過日治到民國兩段時期，至今都還活著，因此在許多地方書寫中，都可以看到與日治時期相關的故事。在王瓊玲的小說中，與日治相關的書寫，因爲時代的因素，其中的情節總是使人又愛又恨。

　　〈駝背漢與花姑娘〉中的趙家阿叔，就是一個親日份子，總想著成爲皇民：

　　　　他留著短短的西裝頭，頭中央分開一條楚河漢界，髮油抹得很足，足
　　　　以黏住蚊子、滑倒蒼蠅。身材肥凸又五短，卻偏偏愛穿長不溜丟的和

〔註43〕王瓊玲，《一夜新娘：望風亭傳奇》（台北市：三民，2014.01），頁81～82。

　　服。蒜頭鼻下面，留著一小撮仁丹髭。也曾學過幾年劍道，只可惜混
　　不到任何段數。平日在家，嘴角習慣向下垂，緊緊閉成一條鎖鍊；眼
　　珠子則特別小，活脫是兩粒龍眼籽，一點也談不上威嚴，生氣時，只
　　好「唰！」地豎起眉頭，呵斥出日本男人的震怒狀。〔註44〕

或許爲了塑造梅仔坑地方鄉親討厭的壞份子，把趙家阿叔描繪成獐頭鼠目的
角色，可是對於親日所做的舉動，穿和服、學劍道與模仿日本人的動作、神
情，都描繪得相當生動。「他們厭惡趙家阿叔的行止，痛罵他戴著『日本假面』
作威作福。」〔註45〕鄉親們拒絕「皇民化」，更痛恨親日者仗勢欺人，罵其「日
本假面」，固然是痛恨日本人的高壓統治，但實際是趙家阿叔人格本質的不良。

　　倚靠外來勢力，下場看來不甚良好。趙家阿叔在面臨日軍的徵召令，終
獲得成爲皇民的榮耀：

　　　　送兒子出征時，阿叔被叫上司令臺表揚。他胸前配戴大紅紙花，
　　花朵下標著「光榮軍眷」四個黑字，硬梆梆的日本假面，擠不出一
　　絲微笑。

　　　　半年不到，兒子就先後回來了——太郎變成一紙爲國捐軀的「褒
　　揚狀」。次郎比較幸運，腋下拄著枴杖，左腿的褲管空蕩蕩，單腳雙
　　枴跨進村子時，步伐已經熟練，既不踉蹌，也不打跌了。〔註46〕

台灣人民多數地方，當地居民有此相同的經歷，被日軍徵召造成的家庭破碎，
在梅仔坑看來是相當的常見。在〈阿惜姨〉中，阿惜姨的兒子阿德，一樣被
徵召遠去南洋因而戰死他鄉，《一夜新娘》中的邱信、阿招一樣被徵召前往南
洋，地方上的排斥，在於外來政權還未完全與地方融合，而是強制性的作法，
使得地方變動，留下痛苦的記憶。

　　日本政權的進入，對於地方顯著的改變，則是警察制度的影響，間接使
得連動的保甲制度在地方上的勢力顯得更爲有權，如〈美人尖〉中的敘述：「李
家請來村裡的『保正』大人當公親，仲裁是非。」〔註47〕檢查阿嫌是否爲處

〔註44〕王瓊玲，〈駝背漢與花姑娘〉，《駝背漢與花姑娘：汗路傳奇》（台北市：三民，
　　　2011.01），頁11。

〔註45〕王瓊玲，〈駝背漢與花姑娘〉，《駝背漢與花姑娘：汗路傳奇》（台北市：三民，
　　　2011.01），頁11。

〔註46〕王瓊玲，〈駝背漢與花姑娘〉，《駝背漢與花姑娘：汗路傳奇》（台北市：三民，
　　　2011.01），頁45。

〔註47〕王瓊玲，〈美人尖〉，《美人尖》（台北市：三民，2009.01），頁59。

女,「見證人是保正的太太。」〔註48〕其實在小說中,較少看見對於日本警察的描述,可是對於「保正」的敘述則較多,可看出地方鄉親已接受了高壓的權力統治,而不是保正做人公正與否。因爲對於阿嫌逃婚做出的決判,「對保正來說,自殺的厲鬼不好惹;人多勢眾的李家,更是惹不起」〔註49〕,懼怕自殺的阿嫌,又不敢得罪富貴人家,保正只能盡量讓雙方滿意,不讓自己去擔受責任。這卻也是一個時代問題,在《一夜新娘》中,人稱公道伯的阿順伯公,充滿著許多無奈:

> 但是,儘管人人景仰、戶戶信賴,老人家苦口婆心所推動的掃
> 除文盲,還是乏人問津。不管是入日本公校或進漢文私塾,都有著
> 重重的阻礙。阻礙的原因,與臺灣人的自尊心固然有關;與重男輕
> 女、生活艱困,更是密不可分。這是他心中最強最烈的痛。〔註50〕

阿順伯公的人物原型,從《梅山鄉誌》中關於王瓊玲的介紹可見來由:「其先翁王清泉,擅長詩、文、書法,爲人耿介好義,鄉民尊爲『公道伯』。」〔註51〕以其父爲原型外,更深刻的書寫出在當時人民中,受到外來統治政權的無奈。人爲了生存可適應變通,順應不同狀況去改善生活,甚至環境,人順應空間,空間成就人,人又改造空間,空間配合人,如此的循環不斷。如梅仔坑地方,不同於平原,針對山坡地出現的汗路,而汗路又影響了居民的思維。日本政權的進入,帶來現代化的制度概念,爲人民帶來較好的生活保障,可是由於台灣爲殖民地,卻出現權力壓榨的狀況,階級制度扭曲了良善的制度,使得台灣地區的人民對外來政權感到抗拒。

社會制度的變動,使得傳統農業的生活產生了變化,如《一夜新娘》中的邱信:「榮耀的『賞狀』拿到後,情勢大逆轉,誇讚的聲浪,從各庄頭蜂擁到簡陋的邱家。阿爸不怨不罵了,高高興興做了木框,裱起了那張薄紙,逢人就指著牆,嘴笑目也笑。」〔註52〕經歷過日本教育,在皇民化制度的推行下,成爲了「國語講師」,可獲得公家的配給,在艱困的時代藉此翻轉層級。

〔註48〕 王瓊玲,〈美人尖〉,《美人尖》(台北市:三民,2009.01),頁60。
〔註49〕 王瓊玲,〈美人尖〉,《美人尖》(台北市:三民,2009.01),頁63。
〔註50〕 王瓊玲,《一夜新娘:望風亭傳奇》(台北市:三民,2014.01),頁16~17。
〔註51〕 顏尚文〔總編纂〕,《梅山鄉誌》(嘉義縣梅山鄉:嘉義梅山鄉公所,2010.01),頁548。
〔註52〕 王瓊玲,《一夜新娘:望風亭傳奇》(台北市:三民,2014.01),頁53。

　　在小說最後，太平洋戰爭後期，日本戰事吃緊，邱信與阿招被「光榮徵召」，兩家人百般無奈，阿招的阿爸帶著困苦人的悲傷，邱信的父親卻對讀書的兒子感到憤怒：「讀啥冊？讀啥死人骨頭？讀冊！讀冊！讀到要去替人死了！我養你大了，你卻去替人死，替人死！」〔註53〕身為保正的阿順伯公，促成自家子弟讀書是他的期望，卻使得自家子弟家庭的分離，「他老臉扭曲了……望風亭下是萬丈深谷，他好想縱身一跳，當場向兩個傷慟的家庭道歉。」〔註54〕

　　不同文化與權力的進入，於地方產生了對抗，不同地域的觀念文化，有相同也有不同，兩者都可以漸漸的接納與合併，可是最容易產生衝突的，則是權力下導致的衝突，在不容特異的前提下，高壓統治的排外，產生了排斥與矛盾。從小說的劇情中，日本的殖民統治中，可充分的表現出來。

（二）外省流落

　　已有提及的小七老師——蔣青融，及〈老張們〉中的主角們，與〈阿滿的蘋果〉中阿滿的級任老師：大火龍——張大隆，都是戰敗而流落至台灣的外省族群。在日本人離開台灣後，梅仔坑再次經歷了不同族群的進入，不同於日本的統治，帶來了不同層面的影響。

　　〈阿滿的蘋果〉裡，阿滿雖然不禮貌的叫張大隆為大火龍，但小孩子最能感受到他人情感中的純真：「張大隆老師替劉美麗繳學費、帶蔡素雲去看醫生、為張茂樹買新書包……還送我一粒大蘋果——全世界最香、最甜、最好吃的大蘋果。」〔註55〕流落異鄉的外省人，只能將其對故鄉的思念，轉為生活上的關懷。

> 　　而大火龍他——他左手抱著小天使、右手抱著紅嬰仔，踱著慢吞吞的步伐，遶著屋子走呀走的！
>
> 　　一遍又一遍，他將兩張小臉蛋輪流貼在臉上：
>
> 　　「……再怎麼苦、再怎麼累，爹一定把你拉拔大，將來不管是下田耕種或上學讀書，爹都是你的靠山，穩穩當當的大靠山，就像你爺爺、奶奶是爹的靠山一樣，知道嗎？爹的傻小子呦！……」〔註56〕

〔註53〕王瓊玲，《一夜新娘：望風亭傳奇》（台北市：三民，2014.01），頁242。
〔註54〕王瓊玲，《一夜新娘：望風亭傳奇》（台北市：三民，2014.01），頁242。
〔註55〕王瓊玲，〈阿滿的蘋果〉，《駝背漢與花姑娘：汗路傳奇》（台北市：三民，2011.01），頁268。
〔註56〕王瓊玲，〈阿滿的蘋果〉，《駝背漢與花姑娘：汗路傳奇》（台北市：三民，2011.01），頁271～272。

見不著的家鄉兒女，大火龍在聖誕節中展現出的父愛，阿滿「看著、望著，我的兩隻腳像被灌上了水泥，走不進屋子去道謝了。」〔註57〕阿滿不懂政府的政策，不懂聖誕為什麼要改耶誕，可是她懂大火龍的哀傷，與老師的慈愛。

〈老張們〉的「酸醋與梅影」中，小七陪同老五返鄉，老五當時只是因為外出買酸醋，卻被強拉加入軍隊，而致流落至異鄉。返鄉中的種種一切，勾起了小七的家鄉記憶，兩人的家鄉描述，採用了現實與意識兩種的方式呈現。老五與老母親的對話，喚起小七記憶中的母親，同樣的親情，卻產生了不同的悲苦。

> 「起身來，狗兒快起來！娘知道！娘不怪……」山村老太太，
> 臉上縱橫交錯的，是悲苦歲月的刻痕、也是母子團聚的淚痕。
> 小七在一旁拭淚，淚水卻愈拭愈多、愈拭愈漫流……五六年前，
> 他千辛萬苦，孤身踏上了歸鄉路。歸到了鄉，才知道鄉裡已沒有家，
> 屋裡已沒有娘。〔註58〕

現實中，老五見到了母親，喚起了小七的記憶，早已返過鄉的他，家鄉不復過往外，母親卻早已不在。王瓊玲巧妙的使用意識流手法，讓小七的老母親在同時間出現，在小七的意識之中，與現實的情境同時上演，產生了強烈的對比。

> 「娘！孩兒不孝……孩兒沒……」小七在心裡哭喊。
> 「娘知道！娘不怪……」她老人家也俯下身，撫著小七的臉，
> 也看好久、看得好細，柔著嗓子一聲聲呢喃著。〔註59〕

同樣對於家鄉的想念與慈母的關愛，老五與小七兩人的感受卻不相同，固然人事已非，影響卻各不相同。小說中將家鄉的想像，拉到了梅仔坑，老張們將情感延續，以家族的形式延續了下去，在異地結婚生子、延續血脈，固然是為了延續張太爺的意志，實際是割捨不了對家鄉的思念，以另一種形式寄託，在異地落葉歸根。

更巧妙的是，在小說結尾，藉著印尼看護阿麗，點出了台灣接著面臨的

〔註57〕王瓊玲，〈阿滿的蘋果〉，《駝背漢與花姑娘：汗路傳奇》（台北市：三民，2011.01），頁272。

〔註58〕王瓊玲，〈老張們〉，《美人尖》（台北市：三民，2009.01），頁224。

〔註59〕王瓊玲，〈老張們〉，《美人尖》（台北市：三民，2009.01），頁225。

新移民，外籍新娘與其下一代。老五想湊合阿麗與老四的兒子，在描寫老四的心思中透露出了端倪：

> 找到了盡心又寬容的好女孩，兩個兒子下了工，就不會再對坐著喝悶酒了吧？至於孫子呢？不能生，就領養吧！阿麗的、別人的都無所謂；本國的、外國的也沒關係。既不會製造出問題，又能替別人解決問題。
>
> 誰說領養的不好？
>
> 阿清不就是二哥領養的！
>
> 誰說非親生的不可？
>
> 所有的老張們，除了總把子，哪一個是太爺親生的！〔註60〕

將「番薯不驚落土爛，只求枝葉代代傳」做了最好的詮釋，不單單只是外省族群在梅仔坑落地生根，更預示了外籍新娘的來到，就算不是原住民，對於梅仔坑，在強烈的感情聯繫下，只要成為了故鄉，無論身份為何。番薯一詞產生了寓意，人如同植物般，向四周蔓延伸根，哪邊肥沃哪邊長。人們意識到了這塊土地，土地就接納了人們。

（三）共時事件

在王瓊玲書寫梅仔坑時，除了詳細描寫地方事件外，並可看到在故事進行同時，引援同時期發生的事件，去增加小說劇情的張力，以《一夜新娘》中，阿順伯公的回憶最直接明確的點出了外地事件。啟發其急公好義精神的關鍵，是刻苦銘心的「治警事件」。《臺中文學史》對於「治警事件」中居領導地位的蔡惠如如此敘述：

> 惠如性格浪漫豪爽，頗富俠義個性，他與臺灣民族運動的關聯，始自1919年在東京與臺灣留日學生林呈祿、蔡培火等人成立「聲應會」、「啟發會」。……他最受人推崇而津津樂道的事例，是以一千五百金提供給林呈祿等人，作為「臺灣青年」的創辦費用，因此才有《臺灣青年》、《臺灣》、《臺灣民報》、《臺灣新民報》一脈相承，在文化啟蒙陣營中發揮巨大的影響作用。〔註61〕

在梅仔坑的阿順伯公，「一溜進城，他就搖身一變，成了具體的行動者。冒著高度危險，加入了『臺灣文化協會』；宣揚替人民發聲的《臺灣青年》、《臺

〔註60〕王瓊玲，〈老張們〉，《美人尖》（台北市：三民，2009.01），頁255。

〔註61〕廖振富、楊翠，《臺中文學史（上）》（台中市：中市文化局，2015.06），頁120。

灣民報》」〔註62〕，甚至在蔡惠如等人入獄時，一路爲其護送，更提到了蔡惠如寫下的〈意難忘〉〔註63〕，表達了當時大眾的心聲。《臺中文學史》對此詩創作的背景是如此介紹：

> 這首作品描寫 1925 年 2 月 21 日惠如自清水火車站搭火車到臺中監獄報到的經過，惠如原作在詞牌下注明：「下獄之日，清水、臺中人士見送，途將爲塞，賦此鳴謝」，可見由於民眾對他們的強烈支持，使惠如深覺感動欣慰，才以激昂的語調寫下本篇作品。〔註64〕

小說中描述的，與外地事件的呼應，直接點出了在當時時代下，人民心裡的期待，對地方產生的影響。使得阿順伯公擔任保正，不辭辛勞的爲鄉親奔走、遊說，爲的是如同蔡惠如提倡的：人民自我的覺醒。無論在何者的統治下，人民要體認自我主體的重要性，蔡惠如所發表〈祝臺灣民報創刊〉、〈就臺灣雜誌社五週年紀念的感想〉，「特別以白話體練習寫作，其目的正是透過具體實踐，響應文化啓蒙運動，以白話文達到普及推廣與啓發民智的效果。」〔註65〕

　　阿順伯公在梅仔坑積極的奔走，說服鄉親接受教育，正是一樣的理念。藉由著教育，期望使得台灣人民獲得自覺，就可對抗不合理的霸權統治，獲得眞正之平等。王瓊玲將其書寫進小說當中，藉著歷史事件，塑造了阿順伯公這一角色的部分性格，卻也是無意識中，將當時地方受到他處的影響，傳承下的意識，書寫而出。

表 5-1　王瓊玲小說中歷史事件一覽表

作品篇名	所提及事件	發生時間	事件源由
〈老張們〉 （P198）	二二八事件	1947 年 2 月	於台灣發生的大規模民眾反抗政府事件，國府武裝鎮壓，爾後造成本島內省籍情結的嚴重影響。

〔註62〕 王瓊玲，《一夜新娘：望風亭傳奇》（台北市：三民，2014.01），頁 109。

〔註63〕 「芳草連空，又千絲萬縷。一路垂楊，牽愁離故里。壯氣入樊籠，清水驛，滿人叢，握別至台中。老輩青年齊見送，感慰無窮。山高水遠情長，喜民心漸醒，痛苦何妨。松筠堅節操，鐵石鑄心腸。居虎口，自雍容，眠食亦如常，記得當年文信國，千古名揚。」詳見：廖振富〔編著〕，《蔡惠如資料彙編與研究》（台北市：臺大出版中心，2013.12），頁 70。

〔註64〕 廖振富、楊翠，《臺中文學史（上）》（台中市：中市文化局，2015.06），頁 123。

〔註65〕 廖振富、楊翠，《臺中文學史（上）》（台中市：中市文化局，2015.06），頁 121。

〈老張們〉 （P211）	外省人返鄉 探親促進會	1987 年	外省老兵為能自由返鄉探親，所發起的 社會運動。
〈老張們〉 （P231）	藍綠政黨輪 替	2000 年、 2008 年	中華民國的兩次政黨輪替，第一次在 2000 年，由民進黨勝出，第二次在 2008 年，由國民黨勝出。
〈駝背漢與花 姑娘〉 （P44）	台灣大轟炸	1943 ～ 1945 年間	二戰時，美軍為了太平洋戰爭的勝利， 而持續轟炸日本重要的南洋補給據點 ——台灣。
《一夜新娘》 （P38）	霧社事件	1930 年 10 月 27 日	賽德克族不滿日本人的高壓統治，而爆 發的武裝抗暴事件。
《一夜新娘》 （P43）	杜立德（東 京）空襲	1942 年 4 月 18 日	美國為報復珍珠港事件，向日本東京進 行的空襲行動。
《一夜新娘》 （P61）	泰雅少女莎 韻溺死	1938 年 9 月 27 日	泰雅少女莎韻幫日本教師背負行李，渡 過武塔南溪時被溪水沖走，被日本人渲 染成「為國捐軀」，做為皇民化的宣傳。
《一夜新娘》 （P107）	住民去就決 定日	1897 年 5 月 8 日	馬關條約割讓台灣後，日本政府定下期 限，讓台灣人民選擇是否留下或離開。
《一夜新娘》 （P109）	台中州治警 事件	1923 年 12 月 16 日	蔣渭水、蔡培火等人組織「臺灣議會期 成同盟會」，被日本政府以違反《治安 警察法》逮捕入獄。
《一夜新娘》 （P123）	高千穗丸遭 擊沉沒	1943 年 3 月 19 日	日本商船高千穗丸在基隆外海遭美軍 潛艇擊沈。

第二節　鄒族奇幻傳說：虛構的神話

　　日治時期的阿里山林場，在伐木過程中意外頻傳，不只人員有所死傷，同時又出現許多靈異事件，使得伐木工人們人心惶惶，日本人深怕這一切是樹靈的報復引起，而建立了樹靈塔，不止安撫樹靈，也安撫人心。《阿里山迷霧精靈》，是鄭宗弦藉著樹靈塔建立的緣由為小說背景，以個人巧思去架構出了虛構的長篇故事，是一部以鄒族、阿里山為背景主體的小說。

　　主角凱翔，因為外婆送他的項鍊：生命豆琉璃，被鄒族巫師巴蘇亞的召喚，經由巫術從現代穿越到日治時的阿里山，幫助他對付原始樹林中的惡靈，好讓日本人順利伐木，看似對付惡靈的經過，實際上惡靈其實是樹靈，這是他們對於人類的砍伐做出的反撲。在一連串的冒險歷程中，凱翔認識了日本

少女雅子與鄒族少年柏祐，又與樹靈直接接觸，了解到原始森林生長的不易，
與自然的重要，最終決定以自身的特異能力與巴蘇亞對抗，解放樹靈們所遭
受的災難。

　　小說中以鄒族神話、信仰作為設定之一，內容主體實為神話與空間意識
的架構而成，從只是表徵的阿里山神木群，藉著奇幻手法的書寫，神靈與巫
術一類的超現實事物從中穿針引線，一步一步的讓讀者感受到森林的重要
性，正是使得讀者意識到空間，對於阿里山的知覺，不單只是一個風景名勝
地。雖然作者目的在於書寫自然的重要性，但在小說劇情的推展中，如凱翔
穿越時間的橋段，顯然就是一個對於空間的移動與認識，而且這樣的移動，
更突破了散文中書寫時間的限制，小說的虛構，讓空間的書寫獲得了更大的
自由。鄭宗弦在後記中提到：

　　　　主角凱翔要從現代回到過去，又從臺灣前進日本，跨越北半球，
　　縱貫數十年，古今更迭，時空交錯。幾番思索，我覺得寫實的手法，
　　不容易描繪出這龐大的架構，也難以敘述如此複雜的情節。
　　　　……種種因果、糾葛、繫鈴與解套，也唯有用極度奇幻手法，
　　才能成功。〔註66〕

　　奇幻的書寫手法，好似與現實脫離，實際卻掌握住敘述的本質：阿里山
空間的概念，使用了空間中的核心價值：阿里山神木，以非現實去架構真實
的意識形態，卻可以突破原本現實的限制，讓人對於空間的意識更為廣闊，
也對於空間能更深一層的去接觸與感受，這是小說不同於散文的特點，敘述
中讓文字製造出了更多張力，使得意識更為強烈明確。

　　鄭宗弦《阿里山迷霧精靈》不同於王瓊玲小說中的厚實感。梅仔坑傳奇
中的故事情節，是由紮實的地方經驗累積而成，感情深刻、沈重，《阿里山迷
霧精靈》卻是相反的，內容輕快、明確，縱然虛構為多，卻形成了特點，簡
明的故事結構，容易閱讀卻不失焦點，清清楚楚的點出原住民、日本人對於
山林的態度，藉由凱翔與樹靈接觸的同時，深切的點出了人與山林的相處之
道。書中大都的設定，皆為虛構為多，而這樣的虛構揉合卻無損於小說劇情
的發展，反而更增添了情節的張力與想像。

〔註66〕鄭宗弦〔文〕；王吉兒〔圖〕，《阿里山迷霧精靈》（台北市：四也資本，2014.04），
　　　　頁233。

一、鄒族神話

浦忠成為其所寫的推薦文中寫到：

> 所謂「虛假」是指小說中鄒族巫術的施行型態、巫咒的詞語、樹靈的化身、鄒人食蛇、攀樹咒、生命豆琉璃、姊妹潭、僵屍等奇幻的描述，純係作者自由的想像；而所謂「真實」，則是阿里山神木群、日人伐木、樹靈塔、東京神社鳥居、塔山世界鄒族人真愛山林等描述則有文化與事實的根據。〔註67〕

浦忠成已經明確的指出，小說中敘述的樹靈、巫術都是「虛假」的。在鄒族神話中，獨立出來崇敬的神靈中，並沒有樹靈，與植物相關神祇僅有栗神與稻神，皆因與農作相關才獨立出來祭祀，而對於超自然存在的神靈通稱為「伊諸」（hitsu），雖未有單獨的樹靈信仰，但仍看得出來鄒族人對於自然萬物的崇敬。〔註68〕

小說中，巴蘇亞帶著凱翔前往小塔山，與惡靈們談判，叫其幫忙去攻打樹靈，惡靈同意後，「紛紛往簍子裡跳，擠成一團」〔註69〕，又將其帶到了另一地的土塚讓其重生，「屍體撥開土塊，土堆裡爬出來，成了骨肉模糊的殭屍，空氣中霎時瀰漫惡臭。」〔註70〕其實鄒族人死亡後，都是埋葬在家屋的地下，不會堆土或立碑，近代受到漢人影響，才有埋葬墓地的習俗。這段關於土塚的描述，跟現實的鄒族傳統是有出入的，鄒族不會有集中於一處的墓地，都是埋於屋中。不過兩人到小塔山與亡靈的談判，是真實依據鄒族的傳統信仰所描寫的：

> 地形的奇特，加上質地堅硬，導致地勢險峻，那灰黑的石峯和崖壁，便有了許多神秘的傳說。在鄒族傳統的觀念裏，塔山便是族人靈魂的歸處，靠東而地勢較高大的叫大塔山，靠西而較矮小的稱小塔山（由奮起湖後方看）；善良的人或善死者死後就到大塔山，行惡的人

〔註67〕浦忠成，〈跨文化的生態書寫〉，收錄於：鄭宗弦〔文〕；王吉兒〔圖〕，《阿里山迷霧精靈》（台北市：四也資本，2014.04），頁8。

〔註68〕巴蘇亞・博伊哲奴（浦忠成），《台灣鄒族的風土神話》（台北市：臺原出版，1993.06），頁36～41。鄒族神祇的相關資料，參考書中第二章第一節的「祭祀與神祇」。

〔註69〕鄭宗弦〔文〕；王吉兒〔圖〕，《阿里山迷霧精靈》（台北市：四也資本，2014.04），頁91。

〔註70〕鄭宗弦〔文〕；王吉兒〔圖〕，《阿里山迷霧精靈》（台北市：四也資本，2014.04），頁93。

或是惡死者死後則要到小塔山。〔註71〕

塔山與小塔山分別由善靈與惡靈居住，鄭宗弦就以此爲據，去架構了巴蘇亞如何利用了惡靈去攻打樹靈的情節，只是爲了在眞實的神話信仰上，爲了使情節易懂，增添了虛構的程序，顯現惡靈大軍的恐怖與神秘，而增加了將惡靈運送至墓地，並使其依附腐壞的肉體，殭屍復生出土的橋段。凱翔與鄒族少年柏祐相遇時，柏祐就曾說：「我本來就不是壞人，我將來死後是要去大塔山的呢！」〔註72〕

關於鄒族的巫師與巫術，浦忠成有詳細的說明：「鄒族的巫術並不像其他民族一樣，視巫師所能施行的法能爲絕對至上，無可替代。……巫師所能進行的，大致可分爲調整天氣、驅除惡靈、醫術、黑巫術等四類。」〔註73〕小說中提到的復原咒、天水咒、草人咒，尚歸屬於爲鄒族巫術系統中，但獸獵咒、攀樹咒、破靈咒，就都是鄒族巫術不可能有的。對於黑巫術，浦忠成又說：

> 黑巫術是對素所不悦的他氏族人的陷害，但是對方知悉施術者時，也可予以破解。咒詛土地，使之崩坍，通常在失去該土地時進行，對於佔領者，心懷憤怒，欲使之致病，也可以用酒、火炭置於竹筒，埋入該地，向土地神祈求，則土地發熱，強奪者就會生病而死。〔註74〕

因此並不可能如同小說一般，可以施展強大的巫術展現威能，小說中挪用了鄒族巫術的概念，爲奇幻的書寫手法尋求了出路，讓劇情更加曲折、驚奇。鄒族注重收穫、狩獵與戰爭，巫師雖對於部落不可或缺，但巫術卻無法完全取代上述的三種活動，主要爲輔助爲主要用途，實際體現鄒族部落主體力量，就是男子集會所庫巴（kuba）了。

在故事進行中，鄭宗弦就將庫巴（kuba）會所安插在對話中：

> 「每回出戰前，部落都要在神聖的庫巴會所舉行戰祭，祈求戰神賜予勝利。」巴蘇亞氣惱地說：「現在，這荒林山洞，沒有神聖的

〔註71〕巴蘇亞・博伊哲奴（浦忠成），《台灣鄒族的風土神話》（台北市：臺原出版，1993.06），頁90。

〔註72〕鄭宗弦〔文〕；王吉兒〔圖〕，《阿里山迷霧精靈》（台北市：四也資本，2014.04），頁127。

〔註73〕巴蘇亞・博伊哲奴（浦忠成），《台灣鄒族的風土神話》（台北市：臺原出版，1993.06），頁47～48。

〔註74〕巴蘇亞・博伊哲奴（浦忠成），《台灣鄒族的風土神話》（台北市：臺原出版，1993.06），頁48～49。

會所，沒有豐盛的祭品，只能唱唱戰歌來祈福，已經非常委屈神靈了，你還敢偷懶睡覺，出言不敬。」〔註75〕

藉著與樹靈戰鬥前，巴蘇亞吟唱戰歌的橋段，責備凱翔的話語中，先行點出了會所的神聖性，也說明了在出征前，鄒族人在會所舉行戰祭、祭拜戰神，祈求戰爭的勝利。在後段的故事，凱翔認識了鄒族少年柏祐，柏祐帶著他進入庫巴（kuba）會所參觀：

> 來到一座由木頭和茅草屋頂蓋成的建築物前，柏祐驕傲地說：「這是庫巴會所，我幾個月前才在這裡完成成年禮的訓練，正式成為部落的勇士。」
>
> ……
>
> 柏祐帶凱翔進庫巴會所，會所像是一座超大的涼亭，裡面滿寬敞的，除了平臺和幾塊木頭當椅子，中央還有由石塊堆砌而成的火爐。
>
> ……
>
> 他們過去看了一會兒，凱翔把柏祐拉到一旁，輕聲問：「男生聚在這裡，就只製作竹箭嗎？」
>
> 「當然不是，除了製作武器，長老還會教我們打仗的技巧、講部落的歷史、說古代英雄的故事給我們聽。」〔註76〕

雖然柏祐只是簡易的介紹與說明，卻初步的將庫巴（kuba）會所的基本功能明確的指出。實際上，庫巴（kuba）就是鄒族每個大社中的政經中心，除了作為祭祀的場所，戰爭時為指揮所，平時則是男子訓練場外，又是口傳故事的講述場域。

對於鄒族口傳故事，汪明輝指出此為長久累積形成的氏族集體記憶：

> 鄒族人自己的（emic 主位）歷史觀正是建基在各氏族從創世發詳以降之氏族遷移口傳故事（'oenghava）這個氏族集體記憶（collective memory）上，這個集體記憶是透過時間脈絡中的空間實踐——空間中遷移、定居、生活而產生出意義——值得記憶的，而以地名、場

〔註75〕鄭宗弦〔文〕：王吉兒〔圖〕，《阿里山迷霧精靈》（台北市：四也資本，2014.04），頁 86。

〔註76〕鄭宗弦〔文〕：王吉兒〔圖〕，《阿里山迷霧精靈》（台北市：四也資本，2014.04），頁 143〜144。

所、定景作為象徵符號，作為記錄、串連以及傳承氏族事蹟之媒介，
最後各氏族之集體記憶連結成為鄒族更大的集體記憶，這就是鄒族
人以自己觀點所建構之歷史。〔註77〕

說明了「時——空」的相對關係，在長久的時間中，不同空間的遷移，影響
了鄒族的歷史，集體記憶更是造就了從古至今的信仰、風俗。鄭宗弦想要藉
著小說，訴說人與自然的相互關係，選擇了以阿里山、鄒族為故事主體來建
構，除了阿里山神木的聲名遠播，主要原因在於鄭宗弦體認到了阿里山地區
的空間意識、鄒族的集體記憶，都是基於自然的空間而來。往往聽到阿里山，
心中的念頭就是神木的意識形象浮現，對於神木，人們心中的崇敬自然而生。
阿里山、神木都只是表徵，人意識到的自然空間，深層的體悟，才是經過長
久深化在心中的。

因此選擇以阿里山為背景，兼以鄒族文化為貫穿其中情節，有其必然的
因素，也唯有阿里山地方，才具有了這樣的表徵，能深刻的引起讀者對於自
然的感動。鄭宗弦在後記中最後提到：「我想到了拉娃和白芷，她們何其有幸，
能在幻想的國度裡，因為愛的力量，復活重生。」〔註78〕拉娃與白芷所指就
是東京明治神宮前的鳥居，鳥居的主體，便是使用阿里山的紅檜所製成。在
小說最後，凱翔去了一趟東京以重生咒將她們重生並帶回阿里山，現實中千
年檜木被砍伐的事實已經無法挽回，但在小說中復活重生，這愛的力量，不
只是情愛，也是人對於空間所意識的，對於生活空間的熱愛。

二、現代傳說

在小說最後的章節「復原、重生和新生」，凱翔為了解救拉娃與白芷，來
到了東京，在神社前唸出了重生咒讓樹心未死的兩人重生，施法的過程撼動
人心：

樹下的人看上去，原本綠色的亮光中，發射出兩道神秘而瑰麗
的藍光，宛如兩顆光芒萬丈的藍寶石。

人們的驚喜持續不久，隨即被眼前更怪異的景象震撼住。

兩棵超級神木，相繼從樹梢開始枯萎落葉，並且以極快的速度

〔註77〕 王嵩山、汪明輝、浦忠成〔撰稿〕，《臺灣原住民史：鄒族史篇》（南投市：省
文獻會，2001.07），頁 67～68。

〔註78〕 鄭宗弦〔文〕：王吉兒〔圖〕，《阿里山迷霧精靈》（台北市：四也資本，2014.04），
頁 236。

往下蔓延。沒多久，它們變成了兩棵腐敗惡臭的大朽木。

　　那是因爲凱翔摘下了寶石般美麗的葉子，收進了口袋……〔註79〕

　　因爲只要樹靈的樹心未死，就可以藉著靈力再度重生，兩人重生的的寶石葉子：樹心，凱翔將她們帶回了阿里山，回到家鄉，回到原來的生長處，再獲新生：

　　當初兩棵巨樹砍伐的地點，因爲地勢低窪積水，形成今日的「姊妹潭」。他只好在「巨木群棧道」列中，找一塊平坦的地方，算好適當距離，把兩片葉子埋進土壤裡。

　　……

　　新覆上的鬆軟土壤裡，冒出兩棵新芽，並且慢慢抽長，長成十五公分的新苗。

　　有人一左一右牽起凱翔的手。他看右邊，是拉娃；看左邊，是白芷。

　　「多麼熟悉的氣味、濕度和冷涼啊！」拉娃興奮地說。「謝謝凱翔。」

拉娃與白芷終於回到了故鄉，她們熟悉的阿里山，尤其從樹根感受到土壤的溫度、濕度，是對於家鄉的認識與感觸。漸漸的白霧上升，眾多樹靈出現齊唱「雪白水氣茫渺渺，迷幻水霧輕飄飄」，正是代表深幽的阿里山森林，神秘又美麗的景色。經由書寫，鄭宗弦塑造出了了新一代的阿里山傳說，對於小說，讀者可以意識到是虛構的，可是對於阿里山的描寫，尤其樹靈們現身時，總是吟唱著：「雪白水氣茫渺渺，迷幻水霧輕飄飄」，森林間雲霧繚繞的表徵，奇幻美麗的符碼，阿里山的意象，深深的具現於讀者心中。

　　阿里山與神木的內涵意象，筆者在此先藉著鄭清文〈鹿角神木〉做進一步的論述。〈鹿角神木〉曾被翻譯爲日文，而日文版將篇名改名爲〈阿里山の神木〉，可是在原文文本中，都沒有寫到「阿里山」這一詞語，那爲何被翻譯後卻被改名，其緣由在日文譯者岡崎郁子（おかざき　いくこ，1949 年～，日本台灣文學學者）相關著作中提到：

　　台灣最有名的神木在阿里山。……能從那種樣子看到鹿角耐過千百年的風雪而猶屹立大地的情景，也可見作者有如何豐富的創造

〔註79〕鄭宗弦〔文〕：王吉兒〔圖〕，《阿里山迷霧精靈》（台北市：四也資本，2014.04），頁 229～230。

力。譯者將「鹿角神木」日譯成「阿里山神木」，是想將這創造性賦
予具體性，也想強調是在台灣的阿里山。〔註80〕

在〈鹿角神木〉中，小鹿失去了母親，被獵人殺死了，對著滿懷母親的思念，
牠不斷來到喪母的溪邊綠地，無論春夏秋冬，最後牠身體死去了，但鹿角留
下成為神木，一直訴說著對著母親的思念。阿里山與神木，已經無可比擬的，
成為了台灣的代表，這樣的含意中，就也富涵著家鄉的含意。母親即是母土
的概念，小鹿的死去，鄭清文以富有神話色彩的手法敘述著：

> 牠那一對犄角，還是不停地長高，不停地長大。其他的樹，有
> 的倒下去，變成了泥土；也有的被人砍下來做木材，只有它們一直
> 矗立在那裡，正正地對著對岸。因為河面已變寬，對岸已退到很遠
> 的地方去了；但那一對像大樹的鹿角，卻好像和大河的寬度比賽一
> 般，不斷地增高。

> 現在，牠的身體和頭部都已完全埋入地下了，就在牠的眼睛部
> 分，形成了兩個水泉。泉水日夜不斷地湧出，流向河流。〔註81〕

如同創世神話中的盤古一般，身體各部分化為了大自然。小鹿雖死後僅
剩鹿角，卻化為土地的一部份，支撐著鹿角的，是承載了對母親的思念，甚
至使得流出的泉水呼喊著，「『嗨嗨嗨』的訴說著對母親的思念」〔註82〕。人
對於空間的意識，最初最直覺的，就是生活的場域，意識到如何在空間中生
存，一開始是殘酷的自然環境，如同鹿群遇到獵人，但在無數的四季過去，
雖然經過了無數的危難，對空間的意識也更清晰了，環境中充滿了危險，卻
也提供了生存所必須。漸漸的，無論它如何的危險，卻也是提供躲避危難、
提供溫暖的家屋，如同小鹿害怕獵人，但卻不曾遠離溪邊，思念母親之情超
越了恐懼，甚至使牠化身了神木。阿里山與神木，正如岡崎郁子所認為，其
實就是台灣的具體形象之一。

回到《阿里山迷霧精靈》，由於虛構的內容，甚至奇幻不實，會使讓小說
內容不夠有深度？卻是不然的。因為虛構產生的「輕」，除了敘事節奏的輕快，
不拘泥現實卻可使得小說情節張力更令人深刻，跳脫現實的差異感，使得故

〔註80〕 岡崎郁子〔著〕；葉笛、鄭清文、涂翠花〔譯〕，《台灣文學──異端的系譜》
（台北市：前衛，1996.09），頁 262。

〔註81〕 鄭清文，〈鹿角神木〉，收錄於《燕心果》（台北市：玉山社，2000.04），頁 70
～71。

〔註82〕 鄭清文，〈鹿角神木〉，收錄於《燕心果》（台北市：玉山社，2000.04），頁 71。

事中的內涵更深刻，越嚼越有味。在於鄭宗弦有抓住阿里山空間的象徵，藉著人與樹靈的鬥爭，去呈現出與自然的共處，進而體認母土。

伊羅塔·卡爾維諾（Italo Calvino，1923～1985，義大利小說家）曾說：「我談到巫師和民間傳說英雄，談到匱乏可以轉化為輕盈，使人得以逃進一個領域，在哪兒一切需求都能夠神奇地得到滿足。」〔註83〕鄭宗弦用奇幻的書寫切入空間中，以不同觀點的敘事，引起人對於阿里山的意識，更深刻的去反思。以歷史與巫術，創造了新的傳說，現代的傳說並非用來傳頌人、物，而是以人們所匱乏的，再次激起熱愛土地的情感。

第三節　現代化的挑戰：反思與歸屬

范銘如曾在〈當代台灣小說的「南部」書寫〉中提問：

> 論者不免要質疑，在幅員相對狹小、交通便利且人口流動往來頻繁
> 的台灣，區域景觀及特徵是否鮮明可辨？書寫地方，不管是都會或
> 鄉村，是否能寫出獨特的當地景物、地誌、風俗歷史以及最重要的
> 人文特性？地理環境因素及政經開發的不同，是否讓台灣文學發展
> 出不同特質或不同關注的區域文學？〔註84〕

這是一個對於現今地方書寫的憂心，擔憂「本土」是否偏離，受到社會、經濟的影響而扁平化。在現代環境的快速改變下，交通的便利與疆域的模糊，地方的概念於確淡薄了。而要增加地方感，是否將地方塑造成一個獨一無二的地理環境？抱持這樣的想法似乎就顯得過度了。

人本身就有對於地方認同的本能，對於每一人，「地方」總是獨特的，在於人對於地方有沒有足夠的「意識」，當能強烈的「置身且歸屬於某個地方」，地方感就出現了。而毫無特色的地方，只是人對空間的「意識」薄弱而產生的，並非是地理環境的相同而造就毫無特色，是人對地方毫無感受，對地方無自發性的意識，自然形成了無地方，關鍵就在於人。

〔註83〕伊羅塔·卡爾維諾（Italo Calvino）〔著〕；吳潛誠〔校譯〕，《給下一輪太平盛世的備忘錄》（台北市：時報文化，1996.11），頁47。

〔註84〕范銘如，〈當代台灣小說的「南部」書寫〉，《文學地理：臺灣小說的空間閱讀》（台北市：麥田，2008.08），頁213。

一、文化獨特性與認同

〈吳鳳之死〉〔註 85〕在眞實的調查中描寫被誤解的鄒族，作者胡台麗藉著「吳鳳傳說」爲本，描寫了鄒族人如何被污名化，在地方中漢人如何「排他」以獨特出地方性。

〈吳鳳之死〉是考據嚴謹的虛構小說，其眞實性與文學性都非常的高，小說中以一篇論文與主角偉仁的記憶交錯，敘述「吳鳳之死」並非如此偉大。論文指出吳鳳是漢人通事，因與鄒族人起爭執而被殺害，之後部落恰巧遭逢天花的病災，以爲是吳鳳詛咒而懼怕，並非因爲吳鳳犧牲自己感化鄒族人而不再獵首。而主角偉仁與妻子淑貞，與身爲鄒族人的師專同學的對話中，透露了文化霸權的欺壓，強加吳鳳神話於鄒族上，指責爲番族、未開化，縱然吳鳳神話早被破解，但時至今日嘉義還有吳鳳廟被人供奉。

正向、自由的地方意識，其實是複雜的，在融合過程中，甚至善意是可能造成文化霸凌，如同日治時期與戰後的國府，都希望以其本身文化感召鄒族，卻造成去文化的傷害，而開放的地方，是要對未來能有所啓發，而不是產生激進的排他，甚至於反動。甚至政府錯誤的認知與政策，會對原住民產生更大的傷害，如同小說中大川酒後吐露的憤慨：

> 偉仁記得那晚喝到後來大川有些醉了，聲音也變得喑啞：「發揚山胞文化並不是把我們打扮得漂漂亮亮讓觀光客欣賞啊！蘭嶼男子丁字褲被認爲有傷風化，國慶日禁止他們在總統府前的廣場慶賀；而日本觀光客被帶到花蓮看山胞跳舞，晚上有山地小姐陪宿，大家就能夠容忍！」〔註86〕

小說中採用一般人的視角與理解下去書寫，搭配眞實的證據，逐步敘述「吳鳳之死」與被誤解的歷史，漸漸鋪陳一種社會惡意的情感蔓延，在最後藉著鄒族人大川的口中說出，對著社會的控訴，不正是漢人自以爲的良善造成嗎。如同文中主角偉仁從學生時期，就對著頭目友善，卻在內心深處是根植著誤解：「『番仔』在阿公的形容下凶悍得很，穿獸衣吃生肉，而且會出草殺人頭」〔註87〕，一切都是受到吳鳳神聖化的影響。

〔註85〕胡台麗，〈吳鳳之死〉，收錄於：吳錦發〔編〕，《悲情的山林》（台中市：晨星，1987.11），頁 73～92。

〔註86〕吳錦發〔編〕，《悲情的山林》（台中市：晨星，1987.11），頁 91～92。

〔註87〕吳錦發〔編〕，《悲情的山林》（台中市：晨星，1987.11），頁 79。

文中有段淑貞對於獵頭習俗如何消失的追問，胡台麗很巧妙的用著人類學式的回答：

> 「那麼，你們是怎樣停止獵首習俗的？」淑貞不甘心，像陷在泥沼裡，奮力地掙扎。
>
> 「時代變了，自然就停止了。」頭目說。〔註88〕

在〈吳鳳之死〉中交錯的場景，平實的敘述卻充滿的強烈的反動，帶來的感情波動，值得深思在現今，還有所謂的「非我族類」嗎？地方無論後來如何發展，如同頭目的回答，人會跟著時代變化，文化也是，維持與尊重地方文化，則就顯現出文學該如何從批判、審視地方的角度，保持地方的張力，讓地方文化活絡，擴張或是去除甚至融合，都是可以藉由小說創作去實踐的。

二、社會認知與融合

大衛・哈維（David Harvey，1935～）在《寰宇主義與自由地理》中提到一真實的事例：

> 1999 年美國實施的一項民意調查顯示，人們越認識一個國家，就越不可能支持對該國採取制裁或軍事行動。有趣的是，這項民調是由艾克森石油公司（Exxon）委託執行的，該公司基於其石油利益，當時正發動宣傳，以解除美國於 1979 年人質危機和革命後對伊朗實施的經濟制裁。〔註89〕

雖是與政治、經濟相關的事例，卻指出了增加「地方感」的關鍵，人對於地方的看法／意識，在這項調查中，很明顯人們越了解這個國家，更會發現「真實的存在」〔註90〕，而並非政客簡化後的結論。范銘如也提出警告：「強調的歷史深度意義置換為仿古、懷舊性的消費慶典，恐怕才是熱衷推動文學產業化或觀光化的官方、地方工作者更應留意的發展。」〔註91〕點出了外在強加的表徵，如果不能使人對其認同，終究是無意義的。

〔註88〕吳錦發〔編〕，《悲情的山林》（台中市：晨星，1987.11），頁87。

〔註89〕大衛・哈維（David Harvey）〔著〕；王志弘、徐苔玲〔譯〕，《寰宇主義與自由地理》（台北：群學，2014.02），頁138。

〔註90〕大衛・哈維（David Harvey）〔著〕；王志弘、徐苔玲〔譯〕，《寰宇主義與自由地理》（台北：群學，2014.02），頁139。哈維指出：「操弄地圖以便創造一種外來的威脅感，是政治宣傳的著名手法。」

〔註91〕范銘如，〈當代台灣小說的「南部」書寫〉，《文學地理：臺灣小說的空間閱讀》（台北市：麥田，2008.08），頁243。

《一夜新娘》的跋文:〈怎能不寫?怎能不寫呀!〉,王瓊玲說道:

> 在臺灣,很多人不解,老一輩受過日本人的殖民統治,為何卻往往「親日」?壯年的,受國民黨教育的,卻往往「仇日」?而年輕的一代,目眩神迷於日本的次文化,則又身不由己地「哈日」?
>
> 親日、仇日、哈日,分切得那麼深、糾葛得那麼緊,我無法完全去釐清原因。
>
> 我只想從人性的多重角度,從生活的真實層面,仔細重建那一段殖民歲月的場景,再把每一個角色都安排妥當,再讓他們血肉鮮活地呈現內在的掙扎、愛恨、慾求、理想……〔註92〕

這就是王瓊玲對於梅仔坑的「本真感受」,她感受到地方就是人的故事,但不是只有人構成了這些故事,而是人與地方交互所產生的。所以很多是切割不開的,這種「本真感受」沒有對錯,只有用何種的「意識」去與地方聯繫。因此在小說中呈現出來的,並非絕對的揚善棄惡、國族意識,有的只是人對於生活的執著,在地方中,併發出來的愛恨情仇,在文學中,藉著小說,藉著虛構的故事,更加強烈的體現出來。

《阿里山迷霧精靈》的後記中,鄭宗弦提到:「站在『巨木群棧道』上,我感受到人類的渺小,不只因為形體的大小,也在短暫的生命消逝後,這些長者依舊在山林間與鳥獸同樂。」〔註93〕浦忠成的推薦文也提到:「三千歲月,它看過多少人間興衰?讓我們靠著小說敘事,遊歷於真實與虛幻,重溫人與自然山林之間曾經發生的故事,體會渺小、偉大的真意。」〔註94〕

鄭宗弦感受到的「本真感受」,就是人與森林的共存,一樣的樸實,小說中或有指責伐木者的不是,但愛戀多於批判,無論何種歧異、仇恨,最終在樹靈的重生中,讓人與森林的關係重生了,這是對於阿里山的環境關懷,就是人類意識的延伸,並將土地納入了自身主體中,意識到它,進而懷抱它。

愛德華・索雅(Edward W Soja,1940～2015)將薩伊德的觀點歸結,針對「第三空間的開放性」的部分提出論述:

> 薩依德將他對於東方主義各種二元對立的解構,奠基於「想像

〔註92〕王瓊玲,《一夜新娘:望風亭傳奇》(台北市:三民,2014.01),頁281～282。

〔註93〕鄭宗弦〔文〕;王吉兒〔圖〕,《阿里山迷霧精靈》(台北市:四也資本,2014.04),頁236。

〔註94〕鄭宗弦〔文〕;王吉兒〔圖〕,《阿里山迷霧精靈》(台北市:四也資本,2014.04),頁9。

地理」（imaginative geographies）的強行施加上，這支配了物質性的空間實踐，也主宰了傳統的空間再現。在這些眞實與想像兼具的東方主義地理中，核心被建構爲強大、整合、監視、主體創造的歷史；邊緣則是挫敗、噤聲、臣屬、屈服的，沒有自身歷史的。經由批判殖民主義的空間實踐，及其在空間、知識和權力上的強大再現，薩依德也打開了後殖民的再現空間（與權力），邁向替代性的地理歷史重設視野。〔註95〕

索雅認爲解構霸權，顯現東方主義眞實的主體，不受到霸權壓抑性的主導，跳出核心與邊緣的二元僵化，正是進入了第三空間的作法。阿里山地區經歷了日本殖民，無論在梅仔坑，或在阿里山山區。王瓊玲是爲了書寫地方而創作，《一夜新娘》中，不刻意考量日本殖民時的對錯與否，單由人的主體出發來書寫，實際已經是跳脫了霸權的影響，讓眞實更加的顯現。《阿里山迷霧精靈》中，鄭宗弦寫著三族（漢族、鄒族、日本）在阿里山中發生的故事，不是打算總結誰是誰非，重要的是在現代如同拉娃與白芷，由愛重生，提醒人們重視自然，與空間共存。不會被單一主體性的框架拘束，能藉著虛構批判，藉著奇幻凸顯眞實，就是小說敘事的靈活（輕）又深層（重）之處。

「親日、仇日、哈日，分切得那麼深、糾葛得那麼緊」，這段話說來，小說中不同族群的情感，是否顯得過於混雜？王瓊玲在小說中並非無法釐清地方上的情況，而是這就是人類的眞實情感，不應用以霸權的模式加以分解、構析。

對巴巴而言，文化差異無法範限於普遍主義者的自由民主架構中，也不能範限於馬克斯主義——歷史主義，因爲這些不同文化經常是不可共量的（incommensurable），是不能清楚分類的，這裡正是引發指認另類發言之「第三個空間」（third space）的觀察。這項論點連上了他對殖民論述和東方主義的批判，後者的「主要功能是藉由知識生產，替『屬民』（subject people）創造一個空間，透過這些知識生產來操縱監控，刺激複雜的快感／不快形式」。〔註96〕

〔註95〕愛德華・索雅（Edward W soja）〔著〕：王志弘、張華蓀、王玥民〔譯〕，《第三空間》（台北縣新店市：桂冠，2004.04），頁184。
〔註96〕愛德華・索雅（Edward W soja）〔著〕：王志弘、張華蓀、王玥民〔譯〕，《第三空間》（台北縣新店市：桂冠，2004.04），頁188。

由上段引文，索雅藉著霍米・巴巴的觀點指出，對於不同外來的影響，確實有著難以共量的問題，長期糾葛台灣的殖民問題，日本文化與台灣文化，兩者本身就是複雜的主體，要簡易的將兩者納入一方，以同一角度關照，都顯得不恰當，索雅提出的「生三成異」，以另一個獨特的角度去看待，顯得較為恰當，尤其索雅藉由巴巴提出的「混種」概念，再次加強了「第三空間」的重要性：

> 巴巴反對這種「文化差異的範限」，他引進了混種（hybridity）概念，並安置於另一個三元辯證的生三成異中。他拒絕了本質論，無論那是來自按系譜追溯的文化源頭，或是文化「翻譯」（這是他從班雅明那裡借來的詞）的再現行動，他的第三個空間和胡克斯選擇的邊緣彼此呼應，就像史碧瓦克和薩依德，他明白挑戰了霸權史學。〔註97〕

「混種」的概念，一方面跳脫了霸權的控制，不淪入二元的框架中，二方面從新的角度去關照文化本身，從自身的主體性，更細微的去看待每一環節。以《一夜新娘》中，日本與漢人，縱然有著統治霸權不合理的因素存在，但是回歸到人與人之間的狀態，講訴了感情的純粹。

在《一夜新娘》的最後，天皇的玉音放送，宣告了日本的戰敗。巡學宮城先生的遭遇與心境卻是：

> 宮城先生茫茫渺渺，在蕭條的街市裡打轉。梅仔坑沒有人在慶祝、也沒有人在哀悼。人們遇到他，還是正常的打招呼，但是一個個移開了眼睛，就怕太直接的注視，會被誤會成示威，會引動日本人的羞恥！
>
> 但怎麼可能不羞恥？是日本人把戰火燒來臺灣、把青年推向戰場。現在徹底戰敗了、無條件投降了，臺灣百姓竟然沒對他放冷箭、沒朝他暴粗口，更沒人對他拳腳相向。相反的，有人大著膽，走過來握他的手、對他鞠躬，感謝他讓子弟們脫離文盲。〔註98〕

以台灣或日本文化的角度來看，怎樣都不合理。但以人們純粹的情感，可以理解，梅仔坑的人們了解前因後果、事情對錯，不以特定文化的立場與

〔註97〕愛德華・索雅（Edward W soja）〔著〕；王志弘、張華蓀、王玥民〔譯〕，《第三空間》（台北縣新店市：桂冠，2004.04），頁188～189。

〔註98〕王瓊玲，《一夜新娘：望風亭傳奇》（台北市：三民，2014.01），頁264。

角度去概括一切。在梅仔坑困苦的山地環境中，讓人們體認到生活的必須與無可奈何，因此空間給予的概念，可以體諒宮城先生之所為，大家一切都是為了生活。「感謝他讓子弟們脫離文盲」，更是點出了鄉親了解到，知識之重要性。縱然稱呼日本人「四腳仔」、諂媚日人者「三腳仔」，但人的心中是雪亮，無論何種文化下，人性皆然，不分人種、國別，唯有善與愛最眞。

　　王瓊玲在《一夜新娘》的跋文最後說著：「但是，亂離的歲月中，還是有穩定的力量，那是來自土地溫暖、來自人性的無邪……所以，我怎能不寫？怎能不寫呀！」〔註99〕正點出了人文地理學的基本，人與地方，沒有兩者的相扶持，又如何產生耐人尋味、引人迴響的小說呢。

〔註99〕王瓊玲，《一夜新娘：望風亭傳奇》（台北市：三民，2014.01），頁282。

第六章　結　論

　　「阿里山」不僅是代表台灣的一個符碼，甚至具有近代台灣多元的面向。現今的阿里山是森林遊樂區，觀光旅遊盛行，在生態意識高漲下，有著百年巨木的珍貴、多元生態的豐富。時間往回推進，日本殖民時期的開發，鐵路的出現，伐木活動深深的影響了地方的改變，還有人民生活的意識。而原先生活在阿里山周邊的原住民，傳統的領域與信仰，也隨著改變。更久遠的，還有遠在清代就進入阿里山山坡地帶開發的漢人，雖與阿里山林場遙遙相隔，但在百年開發史中卻也佔了一席之地。

　　因此在「阿里山」區域裡，各種文學文本的書寫創作，都呈現出了地方豐富的面向，與深度的地方經驗與意識。生活在「阿里山」土地上的，無論是經過困苦的生存、殖民的統治，還是現代工業化的轉變，人與「阿里山」仍究有著深厚的聯繫，從豐富的文本中可看出。但無可避免的，時代的進步與科技的發達，文化與社會的轉變越趨複雜，地方書寫成果豐碩，意象傳達卻不如以往簡易單純，而以貼近生活空間的觀點，以原型概念、社會意識對其解構，則能讓紛亂的意象分門別類，有助於研究與理解書寫背後，地方的意義。

　　對於地方書寫的研究，傳統上偏重分析作者自身特質，或兼以歷史脈絡、地方環境所造成的影響入手，圍繞著作者，以其為面向探究作者對於地方的影響。在近代社會，由於各種技術的快速發展，讓社會、區域都產生大規模的變化，人的意識也因此有了跳躍性的連結與呈現，因此勢必要與時俱進，以新的面向來探討地方書寫，因為一般多以人為主體，實際上人與地方一直是交互影響，是本論強調的重點，如何影響的要素，與互相塑造的過程，以

文學作品的面貌展現，並從其中解析。本論以「地方」為研究主體，以人與地方的意識聯繫來觀照，移動技術的進步與創新，還有資訊科技的發達，各地域間的「距離」縮短了，甚至消失了，若用以往的概念，基於單一面向對地方書寫進行研究，就有其侷限。

尤其社會形態的變遷，對於人與地方的改變，雖在不同地方有著不同程度的影響，可是對於將社會意識引入研究中，在台灣文學的研究中是較少著墨的。空間理論的範疇，首推段義孚（Yi-Fu Tuan）以人本主義為主，接著有愛德華‧索雅（Edward W Soja）以後現代理論的角度切入，大衛‧哈維（David Harvey）著重於社會主義的層面，加斯東‧巴舍拉（Gaston Bachelard）將人對空間的意識約化為原型解析，都是從不同的角度切入了地方空間，以跨界的理論加以探討空間。藉著這些有強烈意識關注於地方的方法論，廣泛探討了人與地方的關係，與此借鏡，解構文學中的元素，有助於探討地方書寫中的成因與內涵。

經過時代變化、社會變遷，無論怎樣的變化，一樣是基於人深刻的感情而發。人，如何意識到生活空間，如何闡發意念情感，在社會變遷中就因而有所改變。藉著同樣關注地方的空間理論，以切入點不同的方法論，再由前人研究的成果，除了釐清人、地方與文學三者的聯繫，則可以更清晰的從紛亂的表徵、符碼中，去理解與欣賞地方書寫的情感與美麗。

本論研究透過了三種文類：散文、新詩、小說，從中剖析了關於文學作品中，「地方感」的呈現。對於人與地方的意識與聯繫，以空間理論用之於「阿里山」的地方書寫研究上，期將研究成果深化，並應用於台灣的地方文學，針對台灣地域的特性，可以更進一步探詢台灣各地的地方書寫，了解深層的地域內涵與台灣人的地方意識。

本論研究「以散文、新詩、小說三文類為觀察核心」，則將研究成果，重點整理如下所列：

一、散文

由貼近大眾的旅遊紀行書寫中開展，去討論「阿里山」這一符碼，在普遍民眾中具有的符號與喻意。先藉著「移動」中的意象，切入空間變化在敘事中呈現的感受，再探討空間敘事中，內含的地方因素。在文本分析中，劉克襄的散文是最鮮明體現出地方的符碼，劉克襄對於阿里山的「地方感」，在

文本中可以清晰的發現。了解到地方意識的深淺，決定了旅遊散文深度。

強烈的地方意識，則會引起人對於鄉土的思念，正是人原始的傾向。這樣的心裡呼喚，從費爾、玲木怜子的書寫中可看出，更別說劉武香梅對於祖先的思念就是基於土地的召喚，懷念思情，並不然排斥現今，更是尋求古今融合的道路，在劉武香梅的散文中明確的流露而出，正是地方變化與進步的動力。

最後回歸於客觀的報導文學，揭示客觀的審視地方，是基於對地方的情感，是爲了避免淪入情感與社會的影響，而對地方提出批判，檢視了空間與社會連動的變化，人對地方又抱著怎樣的意識。

由於散文多圍繞於生活空間的角度，觀看地方所意識到的「地方感」，在不同作者細心描寫的散文中，呈現了地方的客觀面貌，與作者的感情在其中，這並非分開的，這正是「地方經驗」的呈現。就僅是一個過客，對於生活能夠察覺自我的趨向，細膩的觀察與感受，就能藉著散文書寫，同時傳達著地方的人文與美感。

二、新詩

以《森林詩語 阿里山詩集（現代詩情）》中的作品爲主體論述，其中收錄了 34 位詩人 34 首的詩作，都是針對阿里山所創作的。以「詩意象」爲研究的切入點，針對詩作中的「空間表象」、「他者意象」、「移動意象」三點，與空間的相關性進行探討。

「空間表象」中，將阿里山地景的特殊性點出，並以傳統的方式，去闡明詩人如何利用這些意象，讓詩作明確的具有了地方性，可是「空間表象」僅是表徵，是爲了更深入一層探討詩意象，所必須具備的，必須先了解地方空間中的表徵符碼，做好基礎的知識。

「他者意象」擷取出詩作中，被用以代表「他者」的意象，明確的人物，或是記憶的歷史記憶。而所謂的「他者」，無論是人物、歷史記憶，在詩中成爲的「他者」實質上是自我的主體，在有意識的書寫中，將自我獨立出來，以另一個我去觀看，或是呈現，而被借用的形體，多少帶有著地方意識的融合，使得阿里山的「地方感」更加的突出。

「移動意象」則從空間的固定概念中出發，從移動／空間中探討，以動靜兩者去討論「符碼」的呈現。接著論述順著脈絡，轉入了移動／中介，討

論移動藉由何種中介加速或擴散，其實仍脫不了與空間的關係，只是更進一步說明了中介造成的效應，顯了詩意象的強化。最後以移動／時間的關係，解析了時／空的關係，文學如何承載了空間與時間，突破了限制，讓詩意象更清爽獨特。

詩作中應用了這些地方特性，比之於散文，更加的使情感感受擴大、加強，讓詩不只是可以興，更是強化了「地方感」。除了巴舍拉提出的「家屋」的原型意象，台灣文學中特有的鄉土意象：「在地釘根」，在詩作中更是鮮明，尤其阿里山的參天巨木與植物生態，在多數的詩中總是可以感受到，尤其從主體外延伸，更可以感受到詩人對於地方空間的連結，強烈的企圖書寫在詩中。

三、小說

主體論述環繞於王瓊玲的小說作品與鄭宗弦《阿里山迷霧精靈》，從小說的架構與內容中，提取出阿里山地方的元素，針對真實與虛構的兩面進行論證。同樣發生在阿里山地區，王瓊玲敘述的是梅仔坑傳奇，鄭宗弦寫的是以鄒族爲本的奇幻小說，前者顯現的是一個大歷史的架構，後者卻是一個小歷史的故事，反映出地方在文學中的界線並不受限，只是在於創作者對於地方的意識如何，如何的「地方感」，就造就了不同的地方範疇。

並且討論了兩者書寫技巧中呈現出來的輕／重。對於一個真實的地方，並非虛構就無法表達出來地方的真實，而鄭宗弦《阿里山迷霧精靈》的奇幻手法，虛構鄒族法術與樹靈對抗，還有揉合現今地點的傳說，讓人更深入感受到：鄒族與自然共存的態度、鄭宗弦珍惜自然生態的情感。王瓊玲的敘事，是沈重的，以梅仔坑真實的事件背景，讓人歷歷在目，感受先民刻苦的生存，與地方共鳴的澎派情感。無論虛實／輕重的書寫手法，書寫的內容都展現了地方與人密不可分的聯繫。

最後以范銘如的提問發想，對於地方小說的書寫，是否淪入同一模式的書寫當中，其實是對於全球扁平化產生的「無地方」，感到了憂心。地方書寫基於地方，必定有其特色，但在於社會、科技進步下，人對於地方的意識越來越薄弱，「無地方」的產生，反倒顯得地方書寫的重要。藉由地方書寫傳達地方的意識，喚起人的「地方感」，小說的虛實之間，加大了感受的張力，讓人的感受與意識，更能去貼近生活與地方。

　　從三文類中的研究成果，其中並提出了反思，不只論述地方文學的特性，也探究地方文學的侷限之處。地方書寫的研究中，往往聚焦於傳統鄉土的觀點上，從文學創作者對於地方的感情解析，著重於歷史的脈絡，去探究地方的前世今生。近代社會變遷快速，鄉土未必全然蛻變爲都市，但在科技的進步與資訊傳播的快速，大量資訊以飛快的速度散佈，鄉土不再是單純、封閉的象徵。時代的進步帶來了社會形態的變動，生活、地方隨之變動，意識概念也與其變化，「地方意識」不同以往，但是過往的記憶還是留著，過往與現今的對立，或是融合，都讓地方書寫呈現了新的面貌。

　　台灣的地方書寫有了新面貌，檢視其中的內涵，除了原有的研究方法，應該再加以採用新的方法進行研究。以外國學者對於人文地理學的關注與研究，從專著中看來，是非常活躍的，除了以人本主義爲出發點探討的，甚至還將社會理論應用於其中，對於「地方感」的關注，甚至以哲學層面，以現象學的觀點，加以觀照。在多元化的提倡下，跨領域的理論應用，讓傳統的觀點獲得了新的啓發，或是得到更強力的論證，而且外國學者不虞餘力的相互評論，使得更多不同領域的學者投入，並進行論證、修正。

　　國外對於空間的論述與研究多元而熱烈，但相較於台灣雖有學者投入研究，並應用不同理論研究空間與人之間的聯繫，可是應用層面與深度，卻顯得較爲薄弱。范銘如《文學地理：臺灣小說的空間閱讀》、黃文成《空間與書寫──臺灣當代散文地方感的凝視與詮釋》……等研究專書的出版，表示台灣學者努力用以新方法論進行研究，已經有了相當的成果。各章節的論述，都基於前輩學者的研究成果，得力於此，站在前人的研究上，本論研究才有所成果展現。

　　台灣的地方書寫產量豐富，研究方法上卻較爲僵化，實爲可惜。筆者認爲有兩方面原因：一方面在於應用跨界的理論，勢必要對其深入的研究，才能在分析時不至於產生誤解、誤判；二方面是地域風情的不同，在細節層面則必須加以理清，不是所有的層面皆可採用單一理論或事例應用討論。這二方面，就讓部分研究者卻步，而使得台灣的地方書寫研究不能廣泛而深入。

　　而並非所有地方都有完整的文學文本可供研究，使得要能完整的蒐集文本並進行解析，就顯得較爲困難。筆者在研究過程中發現，主要是創作者少，文學文本就少，要能補齊不足，就要以田調的方式多方收集資料。因爲不只已出版的文學作品，地方上自行出版著作（如各地地方政府出版品），或是口

傳文學（習俗、傳說居多），都是珍貴的研究材料。對於地方書寫的研究，筆者也期待往後的研究者能實際走入地方，多方的蒐羅文本，以自身的「地方感」，去接觸這塊地域，意識到對於生活、對於土地，那樣豐富與熱愛的感動。

　　本論以同一區域爲研究範疇，限縮爲「阿里山」，不以作家爲主體，以空間爲主體，大量的取樣分析，讓論述聚焦於同一區域（場域）內，將地方書寫的深層意象進行挖掘，讓空間論述有更明確、多元的呈現。針對「阿里山」的文本研究，只是一個起頭，希望以空間理論爲基礎的模式，能針對台灣各地的地方書寫，提供不同的研究方式，也針對不同的地域，能更發掘地方的特點、特性，期望本論的研究方法，能作爲一個經驗模式，讓研究能更聚焦於地方空間上。

參考書目

(按作者姓氏筆畫或字母順序編列)

一、文學著作

(一) 散文

1. 孫大川〔主編〕,《台灣原住民族漢語文學選集——散文卷》(上冊)(下冊)(台北縣中和市:INK 印刻,2003.04)。

2. 陳月霞,《阿里山俱樂部》(台北市:玉山社,2010.03)。

3. 費爾・車諾高夫斯基(Phil Tchernegovski)、何英傑,《眠月之山:一個紐西蘭父親的台灣尋子奇緣》(台北市:遠流,2015.01)。

4. 鈴木怜子〔著〕;邱慎〔譯〕,《南風如歌:一位日本阿嬤的臺灣鄉愁》(台北市:蔚藍文化,2014.09)。

5. 劉克襄,《十五顆小行星——探險、漂泊與自然的相遇》(台北市:遠流,2010.06)。

6. 劉克襄,《大山下,遠離台三線:劉克襄的山際旅行》(台北市:皇冠,2004.02)。

7. 劉克襄,《少年綠皮書:我們的島嶼旅行》(台北市:玉山社,2003.07)。

8. 劉克襄,《安靜的遊蕩》(台北市:皇冠,2001.08)。

9. 劉克襄,《迷路一天,在小鎮》(台北市:皇冠,2002.09)。

10. 劉克襄,《裡台灣》(台北市:玉山社,2013.06)。

11. 賴鈺婷,《遠走的想像》(台北市:有鹿文化,2013.12)。

12. 鍾文音,《甜蜜的亞熱帶——漫遊嘉義光影》(嘉義市:嘉義市政府文化局,2013.06)。

（二）新詩

1. 楊牧，《北斗行》（台北：洪範書局，初版 1978.03，四版 1986.05）。

2. 楊牧，《吳鳳》（台北：洪範書局，初版 1979.04，二版 1982.01）。

3. 蘇慧霜〔總編輯〕，《森林詩語 阿里山詩集（現代詩情）》（嘉義市：農委會林務局嘉管處，2013.06）。

（三）小說

1. 王瓊玲，《一夜新娘：望風亭傳奇》（台北市：三民，2014.01）。

2. 王瓊玲，《美人尖》（台北市：三民，2009.01）。

3. 王瓊玲，《駝背漢與花姑娘：汗路傳奇》（台北市：三民，2011.01）。

4. 吳錦發〔編〕，《悲情的山林》（台中市：晨星，1987.11）。

5. 侯紀瑄，《戀戀阿里山》（新北市：人類智庫，2011.05）。

6. 鄭宗弦〔文〕；王吉兒〔圖〕，《阿里山迷霧精靈》（台北市：四也資本，2014.04）。

7. 鄭清文，《燕心果》（台北市：玉山社，2000.04）。

（四）其他

1. 文建會〔策劃主辦〕，《閱讀文學地景·小說卷》（上冊）（下冊）（台北市：聯合文學，2008.05）。

2. 文建會〔策劃主辦〕，《閱讀文學地景·散文卷》（台北市：聯合文學，2008.05）。

3. 王瓊玲，《人間小小說》（台北市：三民，2014.01）。

4. 孫大川，《久久酒一次》（台北市：山海文化，2010.09）。

5. 莊世瑩〔著〕；張振松〔繪〕，《回家·回部落》（台北市：聯經出版，2014.11）。

6. 陳月霞，《阿里山物語》（上）（下）（台北市：前衛，2015.03）。

7. 陳列，《永遠的山》（台北市：玉山社，1998.02）。

8. 鹿野忠雄〔著〕；楊南郡〔註譯〕，《山·雲與蕃人——台灣高山紀行》（台北市：玉山社，2000.02）。

9. 楊牧，《柏克萊精神》（台北：洪範書局，初版 1977.02，九版 1990.08）。

10. 楊南郡，〈特約討論〉，收錄於：東海大學中國文學系〔編〕，《臺灣自然生態文學研討會論文集》（台北市：文津，2002），頁 89～90。

11. 鄧禹平，《我存在，因爲歌，因爲愛》（台北市：純文學出版社，1983.03）。

12. 嚴淑女〔著〕；張又然〔繪〕，《春神跳舞的森林》（台北市：格林文化，2003.03）。

二、研究專書

（一）古典書籍

1. 〔漢〕鄭玄〔注〕；〔唐〕孔穎達〔正義〕，《禮記註疏》（台北：藝文印書館，1965 年影印〔清〕嘉慶 20 年（1815）江西南昌府學《重刊宋本十三經注疏附校勘記》本）。
2. 〔漢〕許慎〔撰〕，《說文解字》（北京：中華書局，1963）。
3. 〔清〕周鍾瑄〔著〕，台灣史料集成編輯委員會〔編輯〕：《諸羅縣誌》（台北市：文建會，2005.06）。
4. 周法高〔主編〕，《金文詁林》卷六（香港：香港中文大學，1975）。
5. 劉文典〔撰〕，《淮南鴻烈集解》（北京：中華書局，1989）。

（二）近人著作

1. 巴蘇亞・博伊哲奴（浦忠成），《台灣鄒族的風土神話》（台北市：臺原出版，1993.06）。
2. 王嵩山、汪明輝、浦忠成〔撰稿〕，《臺灣原住民史：鄒族史篇》（南投市：省文獻會，2001.07）。
3. 江復正、趙瑜玲，《逐路細說臺 18 線──阿里山公路的古往今來》（新北市：典藏文創，2013.08）。
4. 江寶釵，《嘉義地區古典文學發展史》（嘉義市：嘉市文化，1998.06）。
5. 江寶釵〔纂修〕；張屏生、蕭藤村〔分修〕，《嘉義縣志・文學志》（嘉義：嘉義市政府，2009.12）。
6. 吳潛誠，《航向愛爾蘭：葉慈與賽爾特想像》（台北縣新店市：立緒文化，1999.04）。
7. 呂正惠，《戰後台灣文學經驗》（台北市：新地文學，1995.07）。
8. 林玫君，《台灣登山一百年》（台北市：玉山社，2008.07）。
9. 施懿琳，《跨語、漂泊、釘根──台灣新文學研究論集》（高雄市：春暉，2000.06）。
10. 范銘如，《文學地理：臺灣小說的空間閱讀》（台北市：麥田，2008.08）。
11. 莊世滋〔編撰〕，《檜意山林：阿里山林業百年的故事》（嘉義市：農委會林務局嘉管處，2011.09）。
12. 陳玉峰、陳月霞，《阿里山：永遠的檜木霧林原鄉》（台北市：前衛，2005.01）。
13. 陶文鵬、韋鳳娟〔主編〕：《靈境詩心：中國古代山水詩史》（南京：鳳凰出版社，2004.01）。
14. 黃文成，《空間與書寫──臺灣當代散文地方感的凝視與詮釋》（台中市：2013.03）。

15. 黃應貴,《東埔社布農人的社會生活》(台北市:中研院民族所,1992.10)。

16. 黃瀚瑩,《尋找阿里山》(嘉義市:農委會林務局嘉管處,2011.06)。

17. 楊建夫,《台灣的山脈》(台北縣新店市:遠足文化,2001.11)。

18. 葉連鵬,《澎湖文學發展之研究》(澎湖縣馬公市:澎湖文化局,2001.12)。

19. 葉舒憲、蕭兵、鄭在書〔合著〕,《山海經的文化尋蹤:「想象地理學」與東西文化碰觸》(武漢:湖北人民出版社,2004.04。)

20. 解昆樺,《台灣現代詩典律與知識地層的推移:以創世紀、笠詩社爲觀察核心》(台北縣中和市:鷹漢文化,2004.07)。

21. 詹敏旭〔等撰〕,《諸羅文化誌》(嘉義市:嘉義文化局,2013.11)。

22. 廖振富、楊翠,《臺中文學史》(上)(下)(台中市:中市文化局,2015.06)。

23. 廖振富〔編著〕,《蔡惠如資料彙編與研究》(台北市:臺大出版中心,2013.12)。

24. 鄭明娳〔主編〕,《當代臺灣政治文學論》(台北市:時報文化,1994.07)。

25. 鄭雅雯,《聽見山海的聲音:原住民族作家速寫》(台南市:台灣文學館,2013.12)。

26. 蕭蕭,《後現代新詩美學》(台北市:爾雅,2012.02)。

27. 戴華萱,《鄉土的回歸:六、七○年代台灣文學走向》(臺南市:台灣文學館,2012.11)。

28. 簡政珍,《台灣現代詩美學》(台北市:揚智文化,2004.07)。

29. 顏尚文〔總編纂〕,《梅山鄉誌》(嘉義縣梅山鄉:嘉義梅山鄉公所,2010.01)。

30. 關華山,《邵、布農、阿里山鄒居住文化之比較》(台北縣板橋市:稻香鄉,2010.01)。

31. 蘇昭旭,《阿里山森林鐵路傳奇:雲頂上的火車之戀》(台北縣新店市:人人,2009.01)。

32. 蘇慧霜,《阿里山文學誌》(嘉義市:農委會林務局嘉管處,2016.05)。

(三)翻譯書籍

1. David Harvey(大衛‧哈維)〔著〕:王志弘、徐苔玲〔譯〕,《寰宇主義與自由地理》(台北市:群學,2014.02)。

2. Edward W Soja(愛德華‧索雅)〔著〕:王志弘、張華蓀、王玥民〔譯〕,《第三空間》(台北縣新店市:桂冠,2004.04)。

3. Edward W. Said(愛德華‧薩依德)〔著〕:王淑燕等〔譯〕,《東方主義》(新北市新店區:立緒文化,初版1999.09,二版十七刷2013.09)。

4. Gaston Bachelard(加斯東‧巴舍拉)〔著〕:龔卓軍、王靜慧〔譯〕,《空

間詩學》（台北市：張老師，2003.07）。

5. Italo Calvino（伊羅塔·卡爾維諾）〔著〕；吳潛誠〔校譯〕，《給下一輪太平盛世的備忘錄》（台北市：時報文化，1996.11）。

6. John Urry（約翰·厄里）〔著〕；葉浩〔譯〕，《觀光客的凝視》（台北市：書林，2007.11）。

7. Michele L. Crossley〔著〕；朱儀羚〔譯〕，《敘事心理與研究：自我、創傷與意義的建構》（嘉義市：濤石文化，2004.08）。

8. Mike Crang（邁克·克朗）〔著〕；王志宏、余佳玲、方淑惠〔譯〕，《文化地理學》（台北市：巨流，2003.03）。

9. Peter Adey（彼得·愛倫）〔著〕；徐苔玲、王志宏〔譯〕，《移動》（新北市：群學，2013.09）。

10. Richard Peet（瑞查·匹特）〔著〕；國立編譯館〔主譯〕；王志宏、張華蓀、宋郁玲、陳毅峰〔譯〕，《現代地理思想》（台北市：群學，2005.04）。

11. Tim Cresswell（蒂姆·克雷斯韋爾）〔著〕；王志弘、徐苔玲〔譯〕，《地方：記憶、想像與認同》（台北市：群學，2006.02）。

12. Yi-Fu Tuan（段義孚）〔著〕；潘桂成〔譯〕，《經驗透視中的空間和地方》（台北：國立編譯館，1998.03）。

13. 安倍明義，《臺灣地名研究》（台北市：武陵，初版 1998，三版 2003.08）。

14. 岡崎郁子（おかざき　いくこ），《台湾文学——異端の系譜》（東京市：田畑書店，1996.04）。

15. 岡崎郁子〔著〕；葉笛、鄭清文、涂翠花〔譯〕，《台灣文學——異端的系譜》（台北市：前衛，1996.09）。

三、研究論文

（一）期刊論文

1. 巴蘇亞·博伊哲努（浦忠成），〈阿里山在哪裡？——阿里山認知差異初探〉，《人文研究期刊》9 期（2011.12），頁 39～56。

2. 王麗雅，〈論李昂《看得見的鬼》中的空間書寫〉，《有鳳初鳴年刊》10期（2015.10），頁 71～84。

3. 吳明益，〈且讓我們蹚水過河：形構台灣河流書寫／文學的可能性〉，《東華人文學報》9 期（2006.07），頁 177～214。

4. 林芳玫，〈地表的圖紋與身體的圖紋——《行過洛津》的身分地理學〉，《台灣文學研究學報》5 期（2007.10），頁 259～288。

5. 張文薰，〈「故鄉」：記往與想像的敘事學——論張文環文學之梅山地區書寫〉，《臺灣文學研究集刊》8 期（2010.08），頁 33～58。

6. 許如婷,〈凝視戶外廣告媒體：書寫城市媒介空間的文化想像〉,《人文暨社會科學期刊》10 卷 2 期（2014.12）,頁 23～30。

7. 郭澤寬,〈「空間」與「地方」：「省政文藝叢書」中外省作家的臺灣經驗書寫〉,《東華人文學報》19 期（2011.07）,頁 121～155。

8. 陳芷凡,〈「第三空間」的辯證——再探《野百合之歌》與《笛鸛》之後殖民視域〉,《台灣文學研究學報》19 期（2014.10）,頁 115～144。

9. 陳芷凡,〈海洋作爲一種「視野」——台灣鄭和傳說中的文化他者與想像〉,《台灣文學研究學報》11 期（2010.10）,頁 221～256。

10. 陳芷凡,〈漫說恆春太寂寥？——李仙得筆下的番人形象與其族群關係〉,《台灣文學研究學報》9 期（2009.10）,頁 329～362。

11. 陳惠齡,〈「鄉土」語境的衍異與增生——九〇年代以降台灣鄉土小說的書寫新貌〉,《中外文學》39 卷 1 期（2010.03）,頁 85～127。

12. 陳惠齡,〈空間圖式化的隱喻性——台灣「新鄉土」小說中的地域書寫美學〉,《台灣文學研究學報》（2009.10）,頁 129～161。

13. 楊弘任,〈何謂在地性？：從地方知識與在地範疇出發〉,《思與言》4 期（2011.12）,頁 5～29。

14. 葉連鵬,〈論呂則之《浪潮細語》中的地方與海洋認同〉,《海洋文化學刊》8 期（2010.06）,頁 65～83。

15. 蔡佩含,〈想像一個女獵人：原住民山海書寫裡的性別／空間〉,《台灣學誌》11 期（2015.04）,頁 1～15。

16. 藍姆路・卡造,〈地方知識的流動性——以阿美族吉拉米代部落 malati'ay 爲例〉,《台灣原住民研究論叢》6 期（2009.12）,頁 193～216。

17. 蘇慧霜,〈森林詩語——阿里山詩歌裡的時空書寫〉,《彰化師大國文學誌》29 期（2014.12）,頁 59～91。

（二）學位論文

1. 江明慧,〈觀光・凝視・阿里山：以日治時期臺灣漢詩文與圖像爲分析場域〉（台北市：國立臺灣大學台灣文學研究所碩士論文,2012）。

2. 余友良,〈空間、文化、情感——臺灣當代原住民文學中的原鄉書寫〉（台北：國立台北教育大學台灣文化研究所碩士論文,2009）。

3. 沈曼菱,〈現代與後現代——戰後台灣現代詩的空間書寫研究〉（國立中興大學台灣文學研究所碩士論文,2009）。

4. 梁銘浩,〈殖民意識、象徵地景與城市轉向——台灣現代山岳書寫中的文化意識研究〉（台南：國立台南大學國語文學系碩士論文,2010）。

5. 許弘源,〈戰後玉山新詩書寫研究〉（台中：國立中興大學中國文學系所碩士論文,2012）。

6. 陳泳曆，〈通往桃源的路──戰後太魯閣書寫研究〉（花蓮：國立東華大學華文文學系碩士論文，2012）。

7. 黃惠鈴，〈清領時期臺灣古典詩山岳形象研究〉（台中：國立中興大學中文所碩士論文，2009）。

8. 楊淑惠，〈臺灣古典詩中的玉山書寫〉（台南：國立成功大學臺灣文學系碩士論文，2008）。

9. 楊雅智，〈日治時期漢詩文中的阿里山書寫〉（台中：逢甲大學中國文學所碩士論文，2011）。

10. 劉智濬，〈認同‧書寫‧他者：1980 年代以來漢人原住民書寫〉（台南：國立成功大學臺灣文學系博士論文，2011）。

11. 蘇玫陵，〈部落山林憶往書寫：以白茲‧牟固那那作品爲例〉（嘉義：國立中正大學台灣文學研究所碩士論文，2015）。

四、報紙文章

1. 〈臺灣八景決定 二十五日鐵道ホテルに於ける 最後の審查委員會で 同時に別格二景及十二勝も決る〉，《臺灣日日新報》，1927.08.27，第 9 版。

2. 吳功正，〈阿里山紀行〉，《人民日報》，1997.12.04，第 12 版。

五、網路資料

1. 〈台灣山脈列表〉，（來源：https://zh.wikipedia.org/wiki/%E5%8F%B0%E7%81%A3%E5%B1%B1%E8%84%88%E5%88%97%E8%A1%A8，2015.11.25）。

2. 〈台灣方志 county〉，（來源：http://county.naer.edu.tw/books.php?page_id=8，2016.05.30）。

3. 〈阿里山國家風景區──阿里山森林遊樂區〉，（來源：http://www.ali-nsa.net/user/Article.aspx?Lang=1&SNo=04003732，2015.11.27）。

4. 〈阿里山國家風景區──處長歡迎您〉，（來源：http://www.ali-nsa.net/user/Article.aspx?Lang=1&SNo=03002474，2015.11.27）。

5. 〈國立公共資訊圖書館 數位典藏服務網──臺湾国立公園寫眞集〉，（來源：http://das.ntl.gov.tw/sp.asp?xdurl=sp.asp&spurl=xdcm/query_for_front/arch/result_jap_book.jsp?xml_id=0000586778%26chapter_name=%E5%85%A8%E6%96%87%26ctNode=205，2015.11.26）。

6. 〈臺灣百年歷史地圖〉，（來源：http://gissrv4.sinica.edu.tw/gis/twhgis/，2015.11.25）。

7. 謝恩得，〈兩岸畫梅第 1 人 蔣青融紀念展〉，（來源：http://udn.com/news/story/7013/1127841-%E5%85%A9%E5%B2%B8%E7%95%AB%E6%A2%85%E7%AC%AC1%E4%BA%BA-%E8%94%A3%E9%9D%92%E8%9E%8D%E7%B4%80%E5%BF%B5%E5%B1%95，2016.01.19）。